新供给经济学

用改革的办法推动结构转型

滕　泰◎著

上海财经大学出版社

图书在版编目(CIP)数据

新供给经济学:用改革的办法推动结构转型/滕泰著.—上海:上海财经大学出版社,2019.12

ISBN 978-7-5642-3418-8/F·3418

Ⅰ.①新… Ⅱ.①滕… Ⅲ.①中国经济-经济改革-研究 Ⅳ.①F12

中国版本图书馆 CIP 数据核字(2019)第 252488 号

□ 策划编辑 王永长
□ 责任编辑 王永长
□ 书籍设计 张克瑶
□ 责任校对 姚 玮

新供给经济学

——用改革的办法推动结构转型

滕 泰 著

上海财经大学出版社出版发行
(上海市中山北一路 369 号 邮编 200083)
网 址:http://www.sufep.com
电子邮箱:webmaster@sufep.com
全国新华书店经销
常熟市新骅印刷有限公司印刷装订
2019 年 12 月第 1 版 2019 年 12 月第 1 次印刷

890mm×1240mm 1/32 10.75 印张(插页:2) 197 千字
印数:0 001—6 000 定价:68.00 元

序　一

改革开放四十多年来,西方经济学家的理论对中国的经济学界有很大的影响。但同时在每个改革阶段也涌现出一些中国本土的学术思想,比如20世纪80年代的双轨制改革思想,90年代模糊产权或过渡性制度安排的思想,还有政治锦标赛思想等。最近几年的新结构经济学更是系统地反思了现有的发展经济学理论。

最近这些年,滕泰博士的"新供给经济学"这个提法也受到关注,且产生了一定社会影响力。他产生这个想法的前提是,2012年以前的十多年中,中国的经济政策决策者把过多的精力用在了关注总需求波动等短期问题,因而就难免忽视长期的、供给侧的经济增长潜力问题,包括对背后的结构性、体制性的改革问题注意不够。滕泰在2012年发表了《新供给主义宣言》,2013年又出版《民富论——新供给主义百年强国路》,呼吁从供给侧重启改革,并逐渐形成他的新供给经济学相关学术思想。

供给经济学这个词曾经在20世纪80年代出现过,那时候里根政府推行的减税与撤销管制促进竞争的政策受到了关注,甚至有人出版《供给学派革命》来加以总结。所以，供给侧受到关注往往与需求侧在政策上受到过度关注有关。不过，与传统供给学派思想不同的是，滕泰认为在绝大部分情况下“萨伊定律”都不成立，比如在供给过剩或供给老化的背景下，供给都无法创造自身等量的需求，因而需要外力的干预。以当下中国经济结构升级的阶段而言，供给和需求的关系出现了一些变化，用滕泰的话说，在老市场中，供给满足需求；而在新市场中，供给创造需求。从长期看，主要是新供给创造需求，供给升级引领消费升级；从短期看，需求也创造供给，消费可以对供给有引导作用。

我很早就知道滕泰这个名字，知道他从 2005 年就担任中国银河证券研究所所长、首席经济学家，2010 年起还担任民生证券公司副总裁兼首席经济学家，后来又创办独立智库万博新经济研究院。一般而言，像他这样出身金融机构的学者，应该比较偏重经济指标预测，而滕泰却坚持把他的研究延伸到经济政策和学术领域——他不仅多次参加中共中央政策研究室、国务院研究室、中财办、发改委等部门的专家决策咨询会，而且还曾应邀出席过两届国务院总理召开的经济形势座谈会。如今，他又进一步下沉到学术理论探索领域，大力阐释他的新供给经济学的思想。

我与滕泰第一次面对面交流是在第四届“复旦首席经济学家论坛”前后。2018 年是中国改革开放四十周年，我把这次论坛的主题定为“改革开放四十年再出发”，并邀请了改革的亲历者高尚全先生、厉以宁先生和华生先生，还有黄奇帆先生、陈德铭先生共同发表了演讲。滕泰作为复旦经济学院的校友，也受邀回母校参加了本论坛并做了发言。会后，滕泰说："本次论坛关于改革的学术讨论和实践价值已经远远超出了经济学家论坛本身，在这样一个特殊的时点召开，有非常重要的时代意义。"他如此高度评价母校的这次论坛，一方面是因为论坛上专家们讨论的内容的确有相当的理论深度和实践价值，另一方面也可能是因为他本人也一直在研究经济长期增长问题。几天以后，他就把文章《解放思想永远在路上，迎接改革开放下一个四十年》发给我。文章认为，那些把四十年经济高速增长概括为"中国模式"的学者，可能过多关注了"增长的条件"而忽视了"增长的本质"；而那些否认中国模式的学者则过度强调了"增长的本质"而忽视了"增长条件"。我觉得这是很有意思的评价，后来发现这个评价的逻辑是从本书对"新供给经济增长模型"中衍生出来的。

在复旦首席经济学家论坛上，滕泰还表达过这样一个判断："2010 年以来的中国经济增速下行，不仅是改革开放四十年以来最长的一轮经济下行，而且在世界经济史的经济下行周期中也算是比较长的。"与会者印象深刻。为什么这样判断？在这本《新供给经济学》中，他用"新供给经济周期"的逻辑做出了回答。他认为，与工业社会早期的收入分配两极分化造成经济危机不同，与工业社会中期总需求不足造成的经济衰退也不同，中国这一轮经济下行背后的原因是工业社会后期阶段的"供给结构老化"。因此，他认为必须从新供给形成、新供给扩张以及"用改革的办法推动结构转型升级"的应对之策才能确保经济增长回到正常轨道上来。

不久前滕泰来上海公干，专程到我的办公室与我讨论他的这个话题。我问他，新供给经济学在理论上可纳入什么经济理论的范畴？滕泰倾向于把新供给经济学置于“转型经济学”的范畴。他的理由是，新供给经济学主要是研究从“供给老化”型经济如何转型到“新供给扩张”型经济。他解释道，由于中国选择了渐进式的改革道路，虽然比“休克疗法”有更平稳的优势，但渐进式改革也必然有不彻底的一面，难免会留下很多计划经济的“沙砾”。在这本书里，滕泰用“供给约束”来描述这些“砂砾”，并提出了从经济制度、生产要素市场、技术创新等方面“放松供给约束”的一系列改革主张。这些改革主张既不同于新自由主义的改革办法，看上去也比20世纪80年代美国供给学派的减税、放松管制等措施要丰富些。当然，新供给经济学要能作为一种在学术界可以被认同的思潮并不容易，还有很多基础性工作要做，尤其是在理论上要有基础性创新和突破。但滕泰敢于思考和孜孜不倦的努力精神值得尊敬。

最后，对《新供给经济学》的出版表示祝贺，也希望越来越多的复旦校友都能够像滕泰这样保持独立思考，勇于创新，为中国经济学理论的发展和中国改革开放的事业，作出贡献！

复旦大学经济学院院长　张军

2019年8月

序　二

如果说滕泰博士先前出版的《软价值》的主线是需求分析，那么即将问世的《新供给经济学——用改革的办法推动结构调整》的主线则是供给分析。两书都力求就我国经济改革与发展的总体思路构建一个科学的理论框架，并针对改革发展所面临的一系列基本问题提出解决方略和建议。应当说，两书都是富于务实和探索精神的成果，值得予以肯定和点赞。人们可能注意到，《新供给经济学》所提出的理论分析和政策主张，在一定程度上与几年来我国以供给侧结构性改革为主线，着力转变发展方式，调整经济结构，转换发展动力的实践是相吻合的。

当今之际，作者将思考的方向指向总供给分析无疑是可取的。1998 年亚洲金融危机后，尤其是 2008 年美国次贷危机之后的一段较长时间，着重依赖刺激投资、消费和出口贸易以拉动经济增长的模式，有其历史的必然性和必要性，事实上也取得了举世瞩目的成就，这无可怀疑。然而，久而久之，这种发展模式必然带来一系列严重后果，付出的成本和代价难以承受，必须加以改变，这也是显而易见、无可否认的。如经济结构失衡（实体经济的供需失衡；金融和实体经济失衡；房地产和实体经济失衡），又如收入分配两极分化严重，再如生态环境恶化，等等。还有，在非公有制经济发展壮大，对社会经济发展作出巨大贡献的同时，我们的公有制经济的改革和发展却显得很不如人意，以至于作为旧体制固有特征的贪腐盛行和效率低下的弊端远未消除。这些问题就其性质来说，都是属于供给侧结构性和体制性的范畴，因此，也必须通过深化结构性改革和体制改革才能加以解决。

作者对于改革开放的这种历史和现状均有清醒的认识和估量。更可贵的，在于作者力求以对增长理论的新思考为去除此类弊端和深化改革提供理论依据。作者对西方经济学发展史中先后出现的增长理论（如亚当·斯密的资本投资增长论和熊彼得的要素重整论等）给予历史的评价之后，着重结合现代社会经济生活，指出了经济增长或财富的五大源泉，即制度和管理、人口与劳动、技术与创新、资本和金融、土地与资源等。作者还指出，制度是增长的条件，土地、资本、劳动是增长的要素，而技术则是增长的根本动力；其中，制度是可变的，土地、劳动和资本的供给方式是可变的，技术更是与教育和创新体制分不开。在我看来，这一系列论点都是可取的，它们与作者在《软价值》中提出的软财富论或软价值论（知识、信息、文化、金融及其他社会服务的价值）相辅相成，也和我与其他学者前些年提出的多元要素价值论和财富论完全一致，高度吻合。这种财富论和增长论为供给侧结构性改革的任务和方向提供了依据。它在本质上就是体制改革论,或者更准确地说,推动和深化改革是其必然要求。至于作者呼吁不能用供给侧的行政性管理去代替供给侧体制改革,则更是切中时弊之论。

怎样认识我国经济发展中的周期性,是进入市场化改革之后必然面对的一个理论和实践问题。人们对此做了许多研究,提出了各种不同观点和解释。本书的特点在于将周期的本质原因归于"供给结构的变化",以及"供给创造需求能力的变化"。这不无道理。诚如作者所说,供给本身有一个发展变化过程,从"扩张"到"成熟",再从成熟走向"老化",最终导致供给结构转变,旧经济被新经济所取代。这是一个客观的不可避免的历史和现实进程,决定这个过程的因素自然众多(例如,可能还会涉及政治一类因素,对于社会主义国家来说可能更是如此,即使单就经济因素来说,需求的波动可能也难辞其咎),然而,无论如何,总是可以说"供给结构以及供给创造需求能力的变化"是"站在经济周期背后的本质原因"。这个理论观点的实践意义在于它强调了改变旧结构、创建新结构的必要性,从克服周期波动这个侧面强调了推动供给结构转型升级的意义,强调了在经济转型升级中发挥市场作用而不是依靠行政命令行事的重要性,这再次彰显了作者为改革立论的初衷。

从作者前后两部著作的分析思路来看,作者是分别从构成市场基本关系的供给和需求这两个侧面切入的。无论在着重分析哪个侧面时,都始终关注实现供求均衡(而且是动态均衡)这个目标，以避免通常可能发生的从一个侧面走向另一个侧面的极端片面性。这表现了作者对市场经济本质上是两者的统一的深刻理解和把握。另一方面，在指出改革发展过程中所出现的各种问题和矛盾时，却没有忽视所涉问题的体制性、制度性根源，或者宁可说强调了深化体制改革的必要性和紧迫性，从而拒绝以行政管理代替体制改革的倾向。这表现了作者对体制改革的市场化方向的坚定认识。

理论和实践的这种立足点，决定了作者在改革路径上必然强调渐进性而不是急于求成，与所谓休克疗法更是无缘。作者指出，渐进式改革难免有其不彻底的地方，会留下很多计划经济的"砂砾"，在形式上表现为"产品供给约束"和"要素供给约束"。据此，作者建议，深化经济体制改革，不妨从放开直到消除这些"砂砾"开始。这该是切实可行的中肯之见。

最后，我还想说，新供给经济学对收入分配问题的研究成果也很值得重视。他们基于多元要素财富源泉论，又引进要素边际生产率原理，说明了按要素贡献分配的公平合理性：各得其所，而且标准一致。不过，他们又指出，这只是一个基础性原则，而不应是唯一的原则：因为主客观各种原因，仅依要素贡献进行分配，难免出现过大差距，这就要求政府采取适当措施加以调节。可是，通过税收和转移支付的办法，固然对改善低收入人群的状况有一定作用，但对扩大中等收入人群的作用则有限，而且税收过重还会有一定的负作用等。为此，作者提出了以"供给要素贡献和边际报酬"为核心的六个核心主张，包括遏制公权力参与财富分配，减少垄断对财富的瓜分，控制利用公共资源过度获取个体收入的现象，对于创业企业和小微企业大范围免税，等等。透过这些主张和建议，人们不难真切体会到作者的爱国爱民的赤诚之心。

当今世界和中国，面临百年未有之大变局。这必然对我国内政外交、政治、经济、思想文化等各个领域提出空前未有之挑战，面临许多未知之问题和矛盾。就我国经济改革发展来说，也需要面对这种新局面，做出新的分析，提出新的对策。当今美国政府所推行的保守主义和单边主义对国际环境造成的不确定性，及其对内强化国家对经济生活的种种干预，就应引起特别关注。另一方面，对我国改革开放 40 周年之际，国内出现的一些与既定的改革方向极不和谐的观点或说法，如民营经济离场论、消灭私有制论、回归计划经济时代等等，也应引起高度警惕。

改革开放未有穷期，理论和实践的探索任重而道远。我期待并且坚信，新供给经济学的创建者们未来定会有新的更大建树。

北京大学经济学院前院长　晏智杰

2019.9.10. 于北京大学

目　录

Introduction

绪论

2015 年 11 月中旬，中国提出“供给侧结构性改革”的战略决策。由于我在 2012 年以来发表过很多文章呼吁从供给侧改革，且在 2015 年 11 月 9 日参加国务院常务会议并作经济形势分析的汇报题目碰巧是《从供给侧改革，全面降低企业成本，开启增长新周期》，所以有很多人都联想到我在 2012 年提出的新供给主义经济学改革主张是否与中央的供给侧结构性改革思想有什么联系。其实，这纯属巧合，只是学术思想和改革政策在名称上相似而已。

学术主张不是改革政策

一般而言，学术思想更偏重于从特定的哲学认知和逻辑推理出发，通过分析现实问题，抽象出一般性原理，再用来解释经济现象，并不排除从理论方面提出改变现实的建议。而政府的政策决策和改革行动，则是从经济现实和政治现状出发，在权衡长期、短期和各种利益后所做出的政治行为选择。经济政策虽然也可能吸收某些学者的主张或思想，但也必然不会拘泥于某一流派的学术概念，而且必然是综合了不同理论，包含着各种必要诉求的政治、政策混合体。

既然经济政策本身没必要拘泥于任何学术概念，那么学术研究也必须有独立性、领先性，而不应该迎合政策或刻意打扮成与政策相似的样子，更不能放弃了学术理论创新的方向。比如，作为一种学术思想，虽然我在2012年发表《新供给主义宣言》和2013年发表的十几篇文章中都提出淡化总需求管理、从供给侧改革的主张，但是我们从学术上呼吁的供给侧改革，只是希望政策减少需求刺激，更重视供给侧的中长期问题，希望重视从人口、劳动、土地、资本、技术等五大财富源泉的供给改革挖掘中长期增长潜力，主张政府刺激新供给、创造新需求，用供给升级引领消费升级，推动放松垄断、放松管制、大规模减税，让一切创造财富的源泉充分涌流。上述理论主张中没有“去产能”“去库存”“去杠杆”等内容。

在2012年我发表《新供给主义宣言》以后，有的学者在2013年也发表了与新供给主义经济学名称相似的文章，但其内容却主要是当时流行的一些改革口号的汇总。这些把社会上流行的一些改革口号汇总之作，虽然因为没有系统严谨的理论创新而被不少严谨的学者批评，但其开展的某些活动对于提升新供给和供给侧研究的社会影响力也是有积极作用的。

与2013年出版的《民富论——新供给主义百年强国路》、2016年出版的《新供给主义经济学》相比，《新供给经济学——用改革的办法推动结构转型》的理论体系又做了比较彻底的调整和完善。其调整的原因，一来在于理论自身不断创新和完善的需要，二来也与写作方法有关——这次是先写完英文版，然后再翻译回中文。在英语的写作语境中，不仅很多概念要重新斟酌，而且一旦把很多问题和理论放到全球视野下来重新思考，必然会进一步的创新。此外，本书内容较三年前删减了一半，主要对于一些仍然有待完善的理论成果，比如新供给 31 种增长模式、新供给周期的量化指标、放松供给约束的福利分析等，都暂时删除，目的就是把“半瓶水”再倒掉一些，哪怕先变成一滴水，但保证是一滴纯净水，然后再在此基础上继续研究完善。

中国模式的老红利与新红利

有很多理论都企图总结中国过去四十年经济发展的成功经验，并称之为“中国模式”。事实上，中国模式既有与其他国家的工业化、城市化阶段相似的一般规律，也有中国自身的特殊规律。强调特殊规律的研究，往往过度关注增长的特殊条件，而忽略经济增长的本质；强调一般规律的研究则往往过分重视增长的本质，而忽视了增长条件的重要意义。新供给主义经济学的增长模型则认为经济增长的本质需要从条件、要素和驱动力三个方面才能全面反映。

制度是经济增长的条件。有很多学者在谈到中国模式时只强调了制度方面的特殊性，比如改革开放，比如地方政府的经济竞赛，比如中央政府的宏观调控和产业政策等，这些在新供给经济学理论中都是增长的制度“条件”。新供给经济学认为，制度进步和相关的社会分工变化是经济增长的前提条件，因此，从创造更好的增长条件来看，中国的改革开放确实有很多值得总结的成功经验，比如，促进竞争、减少行政干预和垄断，激发地方政府积极性，完善国有企业激励机制，给民营企业以平等地位等。因此，新供给经济学的一部分重要改革主张，是围绕着为经济增长创造更好的条件来展开的——上一个四十年所需要制度条件和下一个四十年所需要的制度条件，应会有所不同。如果老的改革红利渐行渐远，而“新改革红利”不能通过更深层次的改革和制度优化而有效激发，中国模式恐怕就会遇到挑战。

新供给主义经济学认为，无论在何种条件下开始经济增长，经济增长的源泉总是来自劳动力、土地和资本等要素投入。类似于过去四十年的廉价劳动力、低成本土地、丰富的储蓄资本，都提供了巨大的经济增长潜力。但是，人口只有经过良好的培训才能成为劳动力或人力资源；只有产权清晰，土地才能得到充分利用；只有通过高效率的金融市场，储蓄才能转化为资本。因此，为了保持长期的可持续增长，有必要改革生产要素的供给体系。比如，改革计划生育政策、户籍制度和教育制度，以保持人才和劳动力的供给优势；深化土地产权和流转制度改革，以降低土地和自然资源成本；深化金融供给侧改革，降低资本供给成本，提高资本供给效率。由于新供给主义经济学高度重视生产要素的供给模式、供给成本、供给价格等，所以很多供给侧改革的主张自然是围绕要素市场的改革——当过去四十年的要素红利边际递减，“新要素红利”如何创造？

新供给主义经济学还认为，经济增长的根本驱动力是技术创新，是新供给不断创造新需求的过程。过去中国四十年的高速增长毫无疑问得益于“后发技术红利”，即来自三次工业革命的技术成果。而当工业化进程基本完成之后，如何挖掘新技术红利，自然更多地要靠创新，靠新技术、新的产品、新的商业模式和新的管理模式不断形成新供给，创造新需求。

总之，在过去的四十年中，中国可以通过经济体制改革提供增长的条件，利用其丰富的生产要素和三次工业革命的技术驱动力来实现经济的快速增长。然而，经过四十年的快速增长之后，经济体制改革的空间越来越小，生产要素的供给成本越来越高，后发技术红利逐渐减少。当这样的历史阶段到来以后，如果一个国家的政策仍然围绕着过去刺激总需求的政策，政策的效果自然是递减的——这就是为什么我早在 2012 年就发表了《新供给主义宣言》，呼吁“供给侧改革”的初心：从增长本质出发，重启经济体制改革、降低要素供给成本、重视新技术和新供给的驱动，再造新红利。

中国模式的渐进式转型逻辑：合理性与下一步

经济学界关于转型经济的研究，30 年前主要围绕计划经济向市场经济转变的不同路径展开。比如，有关俄罗斯和东欧国家采取的“休克疗法”与中国渐进式改革之间的比较，显然，中国的渐进式改革更为成功。

为什么中国的渐进式改革更成功？从新供给主义经济学的角度看，不仅“休克疗法”梦想的一夜之间建立起市场机制在现实中不可能，而且各种要素、产品和服务的供给能力也不可能在短时间内一蹴而就地自然形成。

渐进式改革实际上是中国政府在没有一种事先的理论指导，没有改革速度标准的前提下，一切从实际情况出发，用“摸着石头过河”的方法，探索出来的一套稳妥的改革路径：第一，如果能够较快地建立市场机制，相关领域的行政计划就较快地退出；如果建立市场机制的过程相对缓慢，该领域的行政计划就慢些退出。总之，任何领域的行政计划退出的速度务必与相关市场机制建立的速度相一致。第二，就如同 20 世纪 80 年代中期的价格改革“双轨制”一样，其实在中国经济的很多领域，在市场机制没有完全建立、行政计划尚未完全退出的阶段，都形成了事实上计划和市场的“双轨制”。第三，在上述从计划经济向市场经济过渡的过程中，必然会遗留下很多行政和制度方面的供给约束，其中一些是对产品和服务的供给约束，另一些则是对生产要素的供给约束。30多年的渐进式改革后，如何进一步消除这些改革过程中遗留的供给约束，同时加快发展新的产品、服务和生产要素的供给能力，这正是在实施渐进式改革后要实施供给侧结改革的必然逻辑——概而言之，渐进式改革有其稳妥、可靠的一面，但渐进式改革也有不彻底的一面；要彻底地完成改革，必须在渐进式改革后期，实施以“解除供给约束”为核心的供给侧改革，才能进一步解放生产力。

中国过去四十年的成功转型不仅是从计划经济向市场经济转型的成功，还包括从农业主导的经济向制造业主导经济的成功转型，以及从农村经济向城市经济的转型——在这样的经济结构转型中，农村剩余劳动力的渐进式释放和向城市转移，如何与资本积累的速度、技术应用的速度相匹配——这必然也是一个渐进式的、平滑的过程。在这个过程中，计划经济遗留的人口户籍制度、土地审批制度、金融管控等制度，以及一系列要素流动的行政计划管理手段逐渐放松的过程，正好与人口转移和城镇化速度相适应，在实践中起到了良好的控制作用——这无意中解决了“发展经济学”的很多难题，比如在很多发展中国家的人口快速城镇化很难避免的城市贫民窟问题。

如今中国很多制造业已经面临产能过剩和供给老化问题，中国又必须从制造业为主的经济转向服务业为主的经济，从供给老化的经济转向新供给扩张的经济转型。那么，如何鼓励新供给替代老供给，如何推动供给结构转型呢？是用行政计划的办法好，还是用改革的办法更好？

新供给主义经济学认为，制约一个国家经济结构转型的主要原因是各种各样的产品供给约束和要素供给约束，因此，只要通过深化改革，解放生产力，进一步消除这些供给约束，经济转型就会依靠市场的力量前行；反之，如果不解除这些产品和要素的供给约束，而是用行政计划的手段直接去改变供给结构，虽然短期有可能见效快，但是一来可能决策错误，二来也会有很多副作用，长期还可能进一步扭曲供给结构。比如，面对过剩产能，如果不是用改革的办法、市场的力量优胜劣汰，让过剩产品的价格下跌和消费者的选择来淘汰竞争力差的企业，而是用行政指令的办法强行关闭某些中小企业的所谓“低端”产能，结果就会造成这种原本过剩行业的产品价格不跌反升，从而进一步扭曲市场。

事实上，供给约束不仅妨碍老供给退出，而且影响新供给的扩张。不仅在中国存在供给约束，在日本、美国、欧洲，特别是那些以老化供给为主导的经济体，也存在着供给约束。例如,当“网约车”在美国、中国都很受欢迎的时候,这种新供给在日本却受到了行政力量的供给约束。又比如,特朗普政府近年来采取了很多管制措施,限制了产品和服务的自由流动,限制了劳动力、技术等生产要素的供给。从长远来看,这些不断增长的“供给约束”必将阻碍美国经济结构的转型,也将损害世界经济增长。那么,如何破除这种行业的供给约束呢?也许中国过去四十年的改革实践和新供给经济学的改革思想可以给西方国家和经济转型国家都提供一些可借鉴的经验。

从中国的成功经验看,在经济转型的过程中,市场化的供给能力培育必然是渐进式的——无论是从计划经济向市场经济转型,还是从农业经济向工业经济转型,都应该是渐进式的。而在这种渐进式过程中,推动转型的力量一方面在于行政计划力量的渐进式退出、供给约束的不断消除;另一方面则在于市场能力的渐进式成长、新供给能力的渐进式成长——这个过程,是不是无意中证明了“经济成功转型的秘密居然是市场和计划力量的微妙平衡”?进一步说,在上述中国渐进式转型过程中,既不是单纯的市场力量发挥作用,也不是单纯的计划力量发挥作用,而是实现了计划力量和市场力量的某种“双轨制”的巧妙结合。

这样推导下来的结论让我这个向来都信奉市场经济的学者都有点吃惊:虽然政策的行政计划作用在不断退出,但是在退出过程中毕竟一直在发挥作用，而这种全球绝无仅有的市场与政府力量的结合，这种实践中的“双轨制”是不是就是中国模式的特殊之处？至少从现象上，凡是从过去四十年经验研究中国模式的人，无法忽视政府计划在“渐进式退出”过程中事实上所发挥的所用。

对此，北京大学的张维迎教授批评说，“如果你看到一个缺一只胳膊的人跑得很快，你不能认为缺胳膊就是他跑得快的理由”。但是，张维迎教授除了从哲学和个人价值观上从不相信政府行政计划的力量之外，也很难有足够的证据证明政府的所有的行政计划必然就是那只残缺的胳膊：有时候可能政府的行政计划力量的确是那只“残缺的胳膊”，有时候政府的行政计划力量真的就是那条“跑得飞快的腿”。比如，在基础设施建设领域，还有什么样的力量能够催生出中国这样的基础设施增长速度？高速公路、高铁、机场、电网、通信设施，都是在保留政府计划影响力的前提下充分发挥市场力量，才创造了中国奇迹。而基础设施供给能力不足的例子，恰恰发生在印度，基础设施老化的代表案例则是美国——这都是政府的行政计划能力的缺乏，限制了基础设施的供给。

总之，渐进式改革事实上在“市场进，政府退”的过程中，给政府和市场发挥作用都留下了合理的空间。当然，有人如果只看到“中国模式”中政府和市场都需要发挥合理的作用，而忽视了过去四十年“市场进，政府退”的方向，甚至为了强调政府的作用，无意中形成“政府进，市场退”的逆向改革，那必然会对经济形成破坏性的影响。为了警示这种潜在的逆向改革风险，2015 年 12 月我在英国《金融时报》中文网发表了《供给侧结构性改革要警惕三大误区》，提出误区之一是把供给侧改革变成“新计划经济”。这也是为什么同样是为了经济结构调整，有的学派主张用宏观政策、产业政策去调结构，而新供给主义经济学则主张从“支持新供给”和“解除供给约束”出发，“用改革的办法推动经济转型”。

事实上，“支持新供给”“解除供给约束”“用改革的办法推动结构转型”，不仅适用于发展中国家或新兴经济体，也适用于一些面临供给老化或供给约束的发达国家。

新供给经济学的影响与不足

自从 2012 年新供给经济学提出以来，引发了学界和媒体的高度关注和积极探讨，引起了很多学术和社会舆论方面的共鸣，也难免对特定阶段经济政策产生了一定的影响。

最大的影响在于引起了学界和经济政策决策者对“供给侧”的重视。在 2013 年以前关于宏观经济的讨论基本上都是围绕投资、消费、出口等总需求管理展开，而《新供给主义宣言》发表以来，关于供给侧、财富源泉、生产要素的供给条件、供给结构、新供给等讨论与日俱增，乃至形成一股社会潮流。基于当时的经济政策背景和个人认识的局限，2012 年《新供给主义宣言》对总需求管理的批评有些过于严厉。加上社会上对 2008 年“四万亿”的反思和批评有些过头，媒体界批评货币超发的声音甚嚣尘上，经济学界的新自由主义也批评凯恩斯主义，以至于合理的逆周期政策在一段时间内受到压制。认识到这种有害倾向之后，2013 年下半年到 2014 年期间，我没有再写过一篇批评凯恩斯主义和总需求管理的文章，且与国务院研究室的同志一起写内参呼吁降息、降准，并多次公开发文呼吁保持合理的货币流动性。在 2015 年底中央决策供给侧改革之后，又多次发文呼吁“供给侧改革应避免三大误区”，明确指出误区之一是把供给侧改革同总需求管理对立起来。

2012 年新供给主义宣言提出应该以各种方式鼓励新供给的形成和扩张。受到新供给思潮的影响，一段时间以后，其关于新供给、新动能等概念也逐渐成为中国有关经济中的常用语，成为研究和重视“新经济”的重要推动力量。2013 年中国就明确提出“创造新供给，释放新需求”等政策，采取了许多政策和措施来促进、支持新技术、新产业、新管理模式和新商业模式。这对于推动中国经济结构转型毫无疑问发挥了积极的作用。

新供给经济学认为，经济长期增长的本质在于各种新供给的扩张，以及供给结构升级引领的消费结构升级。如果供给结构是以“新供给扩张”为特征的，这个经济体的供给创造需求的能力就比较高，因而经济增速会处于上升周期；反之，如果供给结构是以“供给老化”为特征的，这个经济体的供给创造需求的能力就比较低，因而经济增速会处于下降周期——供给结构和“供给的需求创造系数”变化，是造成经济周期波动的重要原因之一。在此基础上，新供给主义经济学提出了“新供给经济周期”理论，认为供给结构老化才是工业社会后期经济增速下行的主要原因。面对供给结构老化造成的经济下行，用改革的办法推动供给结构转型升级才是治本之策。

新供给主义经济学关于减税、放松管制、放松供给约束等主张，也从经济理论上支持了近几年的各种放松管制措施、逐渐加力的减税措施，以及国务院推动的“简政放权、放管结合、优化服务”的改革。

此外，新供给主义经济学提出深化要素市场改革、降低企业生产成本的主张，虽然都是些长期改革措施，且实践操作难、见效慢，但这与 2013 年以来的放松人口政策、户籍制度改革、推行土地产权制度改革、教育与创新制度改革、金融供给侧改革，以及国有企业的混合所有制的改革方向也是相一致的。当然，也出现很多与新供给主义经济学主张的改革方向相悖或不达预期的事情。比如，某些城市通过一些措施强化外地人口居留的难度；比如，由于农村土地产权认定速度缓慢，土地承包经营权的自由流转还远远没有实现；还有金融改革也还没有达到真正降低资本成本的效果，甚至中国中小企业、民营企业融资难、融资贵的现象仍然普遍；等等。这些都是实践中，改革知易行难的问题。

在实践中，还有一些干预措施与新供给经济学主张的“改革的办法”有所不同，比如“去产能、去库存、去杠杆”这三项措施——从学术角度，新供给主义经济学不主张通过行政计划和行政命令来干预市场经济的正常运行，而且从原理上，“去产能”和“去库存”是用行政计划手段对供给进行干预的产业管控政策；至于“去杠杆”，则既影响供给，也影响需求，本质上是一种宏观金融风险管控措施，伴随着严厉的金融紧缩效应。

当然，新供给经济学还有关于价格管理的供给冲击模型尚未产生过足够的实践影响。在中国，十几年来尽管几轮价格上涨基本上都是猪肉等供给周期带来的，却多次用宏观紧缩措施去治理。虽然房价上涨本质上是城市化过程中土地供给过少造成的，却一直企图用货币紧缩措施来抑制住房需求……只有把人工成本、原材料成本、土地成本、融资成本、供给周期对物价、房价的影响都一一做量化分析，才能让宏观政策摆脱错误理论的误导，尤其是解放逆周期的总需求管理政策，让它不必为猪、房等供给问题“背锅”，从而也让物价管理和房价管理能够真的对症下药。

此外，新供给主义经济学提出的以要素贡献为核心的收入分配思想也没有引起重视。以要素贡献为核心的分配理论解释了为什么会有“要素稀缺性报酬”，以及“超额要素稀缺报酬”，进而探讨这些不合理的分配倾向对于效率与公平的影响，提出了通过社保、转移支付、外部援助、减税、技术进步、影响要素报酬的制度改革和立法等多种方法促进财富分配的公平、效率的方法。虽然目前中国的消费能保持8%以上的增长，但是为了避免消费增速放缓，必须前瞻性地重视收入分配的改革，减少金融和土地等部门的垄断收益，进一步培育壮大中等收入群体，提高城镇居民的边际消费倾向。如果以劳动者、知识者、技术人员、管理者为主体的中等收入群体能够壮大，中国的消费和市场规模还有巨大的成长空间。

从上述角度出发，我希望这本书能够重新对新供给主义经济学再次进行系统的介绍，希望这些浅薄的学术探索能够对中国经济改革起到一定的推动作用，也为其他国家探讨经济结构转型提供可参考的中国改革经验。中国过去四十年的经济增长无疑是成功的，但如果能够坚持用改革的办法持续推动经济转型升级，把产权改革、市场化改革、要素供给改革、供给结构改革进行到底，再造新红利，中国一定还能保持高质量可持续增长，并为全球经济作出更大的贡献。

Chapter

One

第一章

新供给
创造新需求

第一节 老供给满足需求，新供给创造新需求

短期来看，需求会影响供给，但从长期来看，是新供给创造了新需求。在供给结构和消费结构已经相对成熟的情况下，供给被动地满足需求；而当供给结构转型和升级阶段，新供给能够创造出越来越多的新需求。

一、供给和需求的关系

供给和需求是一个经济体硬币的两面，对于供给和需求关系的不同认识或基本假设的差异，会造成对整个经济的理解和认识迥异。

有的经济学家，如卡尔·门格尔和约翰·梅纳德·凯恩斯，更强调需求的主导作用。门格尔是效用价值论的奠基人，凯恩斯建立了总需求导向的宏观经济学理论。根据他们的理论，是需求变化导致了供给的变化，宏观经济调控的重点应放在总需求上。

还有的经济学家，如让·巴蒂斯特·萨伊、亚当·斯密、西蒙·史密斯·库兹涅茨和约瑟夫·熊彼特，则更多地从供给角

度研究经济。在法国经济学家萨伊看来，供给在供需关系中发挥着主导作用，“供给能够自动创造自身的等量需求”。

在长期经济增长理论的研究中，大多数都是从供给的角度来研究和分析经济增长。早在240年前，亚当·斯密就在他的《国富论》一书中，阐述了制度和社会分工对经济发展的促进作用。熊彼特则从技术创新的角度分析了经济增长过程，认为生产技术创新是经济螺旋式增长的核心动力，技术和制度的破坏性创造是经济发展的长期动力。库兹涅茨的研究主要是从投入产出关系的角度出发，分析人口增长、生产效率等提升带来的经济增长。

而在经济周期理论中，有的学者从供给和需求关系出发研究经济周期；有的学者从心理偏好、消费结构、金融伸缩等影响需求的因素看待经济的周期性波动；也有的学派则更多地从库存、厂房设备更新换代、基础设施投资、技术创新等供给角度看待经济周期。

二、长期，供给创造需求；短期，需求影响供给

没有现实产品供给或购买能力支持的需求，更准确地说是“欲望”。人们有各种各样的欲望，欲望会膨胀，永远也难以完全满足。这与经济学中探讨的供给和需求并不是一回事。经济学研究的是有现实产品或服务提供的供给，和有现

实支付意愿和支付能力的需求。

人们对“更好的产品、更好的服务”的渴望始终存在，但是如果没有合适的产品或者服务，这种需求只能停留在心理层面上。只有新的产品或服务出现，才能创造新的需求。比如，在汽车发明之前，人们也希望“跑得快”，但数百年来，这种需求并不能创造出现实中的供给。只有当德国人发明了世界上第一辆汽车时，汽车才创造了自身的需求。在天空翱翔是人们千年的梦想，但是在莱特兄弟发明飞机之前，飞行只能存在于神话中。只有当技术不断发展，创造了“新供给”，带来相应产品或服务的支付意愿，才是经济学意义上的“新需求”。在一个人们都不穿鞋子的部落，对鞋子有着巨大的心理需求，但是为什么多年都没有创造出鞋子的供给呢？当制鞋公司把鞋子运到部落时，鞋子的现实供给就创造出了需求。因此，抽象的欲望并不能创造满足自身的供给，而现实的新供给却能创造出实实在在的新需求。

当然，就短期而言，需求也会影响供给。如果没有足够的消费、投资或出口等需求，库存就会增加，进而会降低厂商的积极性，并减少短期的供给。因此，从长远来看，供给创造需求；从短期来看，需求影响供给。

三、在已有市场中供给满足需求，在新市场中供给创造需求

在已有市场中，比如农业时代，人们对食物和住房的需求本来就存在，供给只能满足需求，而不能创造需求。然而，在新市场中，人们对看电影、看书、获取信息的需求实际上是由电影、书或信息本身所创造的。例如，在J. K. 罗琳出版《哈利·波特》之前，人们对于这本小说的需求根本就不存在。类似的，人们对于Apple手机、Facebook等产品的需求，也是这些产品生产出来之后才产生的。

在一个供给结构不变的市场中，需求随着价格、收入、利率等因素的变化而变化。

$$D=f(P,I,R\cdots)$$

其中，D代表需求，P代表价格，I代表收入，R代表利率。

而在供给结构快速变化的经济中，市场需求的变化不仅受到上述因素的影响，还受到新供给的影响，新供给会创造出新的需求。

$$D=f(P,I,R,NS\cdots)$$

其中，D代表需求，P代表价格，I代表收入，R代表利率，NS代表新供给。

四、在供给过剩或供给老化背景下，供给不能自动创造自身等量的需求

萨伊定律认为，供给自动创造自身同等数量的需求。也就是说，每 1 000 单位产品的销售收入，都会自动转化为等量的要素所有者收入，包括工资、利息、地租等收入，然后再由这些要素所有者支出和消费，形成 1 000 单位的等量支出。即使有盈余变为储蓄，也会通过银行等金融体系转化为等量的需求；即使有税收，也会通过政府支出转化为需求。

萨伊所处的年代，正值拿破仑执政时期，生产力并不发达，当面临严重的通货膨胀时，过多的货币追逐着稀缺的商品，产品的销售不成问题，但是货币的价值却朝不保夕，因此，他从现象上观察到“供给创造自身等量需求”的规律。然而，在当今社会，“供给自动创造自身同等数量的需求”只是一种想象中的理想状态，在现实中在大多数情况下是不成立的。

那么，是什么导致了供给无法创造出自身等量的需求呢？

(1)供给过剩造成供给不能创造等量的需求。从收入的角度看，总收入等于劳动、土地和资本的总收入：

总收入＝工资＋租金＋利润

但实际上，当经济总体供给过剩时，这个公式应该是：

总产出＝工资＋租金＋利润＋存货

在供给过剩的情况下，供过于求，导致产能过剩、库存积压。过剩的供给显然不能够创造出自身的需求。

(2)供给老化降低供给创造需求的能力。即使在经济总体不过剩的情况下，当出现供给老化时，也会造成产品滞销的现象，降低供给创造需求的能力，此时供给也不能够创造出自身等量的需求。

第二节 新供给如何创造新需求与供给创造需求的系数

一、新供给

新供给是指能够创造新需求、形成新市场的新技术、新产品、新的商业模式或管理模式。在乔布斯创造苹果手机之前,世界对它的需求是零,而一旦苹果手机面世,新的需求就被源源不断地创造出来。正如乔布斯所言,“苹果重新定义了手机”。苹果手机的触屏操作方式、iOS 操作系统、App Store 功能,不仅使人们重新认识了手机,同时也改变了人们生活方式。

新供给可以是像苹果手机一样的新技术、新产品,也可以是新的商业模式或管理模式。比如,Uber 或滴滴出行,它们并不是设计出新的物质产品进行销售,而是通过新的商业模式,整合现有资源,与其他行业形成协作互补,同时运用互联网创新技术,为用户提供综合的出行服务,使人们出行更便利、更实惠。

新供给通过不断创造新的需求，形成了新的市场。一项产业的新供给不仅可以为该产业创造出新需求，而且还可以带动相关配套产业的新需求。新供给通过产业链，扩散到上下游产业，进而辐射到整个经济，通过供给扩张的带动作用，创造出成倍的新需求。仍以苹果手机为例，苹果不仅创造了自身的需求，还通过其 iOS 和 App Store 形成了自己的生态圈。作为整个生态系统的核心枢纽，苹果手机通过软件升级，不断改善用户体验，创造出持续的新需求来形成新的市场。

二、新供给的产生方式

新供给形成并创造新需求，往往会通过掌握新知识、发现新要素、应用新技术、创新制度等方式来实现的，并受到经济政策和人文环境的制约。

第一，人们的新知识可以提高资源的利用能力，进而形成新供给，创造新需求。比如，了解到动植物的特征，人们可以通过采摘果子和捕猎动物来获取食物。掌握了植物和动物的生长和繁殖规律，人们就能够种植果树和庄稼，饲养牲畜和家禽。食物来源的拓展，也创造了人们对于食物的新需求——人们不再满足于偶然狩猎，而是开始有计划地养殖动物和种植植物。

第二，发现新的生产要素可以催生新供给，提高供给创造需求的能力。例如,煤炭、石油、电力的发现拓展了人们能够利用的能源范畴,从而创造了新的需求。

第三,新技术的出现和应用,也可能产生新供给。例如,化学萃取分离技术的应用,使化学家能够从石油中提取汽油和煤油等,用于生产染料、人工香料和药品等,从而进一步提高了供给能力。

第四,制度创新也可以提高人们利用资源的能力,形成新供给。例如,1821 年,页岩气首次在纽约的 Fredonia 开采。然而,直到 20 世纪 80 年代,美国政府通过《能源意外获利法案》并引入一揽子优惠政策,加大了页岩气开采的政策支持后,才促进了页岩气的规模生产,形成了新供给。类似的,20 世纪 70 年代末,中国农村实行家庭联产承包责任制,在土地、劳动、技术等要素供给条件短期内保持不变的情况下,通过提高生产效率,大幅提升了农产品的供给能力。

新供给形成的方向有时是不确定的。正如重大地理发现是偶然的一样,矿产资源的勘探、技术创新的起点也难以准确预测。然而,新供给一定会以新产品、新技术、新的商业模式或管理模式出现,然后通过改变人们的生活习惯、提高工业生产效率或改变供给要素比例关系等,创造新需求,形成新市场。

三、新供给如何创造新需求和新市场

在经济发展的各个阶段和人们生活的很多方面，都可以找到新供给创造新需求的例子。例如，在汽车发明之前，人们并没有使用汽车的需求；在点蜡烛照明、训练鸽子作为信使的时代，人们对于电灯和手机的需求也不存在。而一旦汽车、照明技术和新的通信产品问世，新供给就创造出了新的需求。

让我们来看看苹果产业链中新供给创造新需求的过程。

第一，新的商业价值是新供给创造新需求的基础。新的商业价值通常体现在两个方面：有一定的潜在消费者、把成本控制在合理范围内。在苹果智能手机推出之前，按键手机一直在稳步发展，智能手机产品虽然开始出现，但数量很少，无法主导整个行业。而苹果公司通过打造移动平台和生态系统，将上网、聊天和视频等功能，从 PC 端转移到了移动端，使人们摆脱了对于办公桌和台式计算机的依赖，能够获得更自由、便利的信息交互体验。当这种改变所需要的成本，控制在目标消费者的购买能力之内（例如通过控制 iOS 和触摸屏的开发成本），那么它就具有了新的商业价值。

第二，持续的研发投入和用户体验的改善，可以提高其创造需求的能力。在苹果公司的历史上，曾多次创新 iOS 和芯片结构,以改善用户体验。通过持续的市场营销和产品优化,苹果手机在消费者中创造了巨大的新需求。

第三,通过将上下游产业整合成一个生态系统,苹果形成了协同效应,创造了新的市场。苹果公司通过构建多元化的平台,实现了产品之间的深度融合。例如,当苹果手机上有来电和短信时,也会在 iPad 和 MacBook 上同步提示,备忘录、通讯录、照片和应用程序都可以进行云同步等等。同时,以应用商店为中心的应用程序设计和开发也已形成了一个产业链。

第四,通过乘数效应提升供给创造需求的能力,是新供给推动经济增长的重要方式。苹果产品及其周边产品的销售收入,转化为企业利润、股息、工资、利息收入、住房和土地租金等,再次进入经济循环,加速了供给创造自身需求的宏观循环,从而推动了美国经济走出衰退。

第五,从初始的定价能力到形成庞大的市场。苹果手机在最初形成阶段,产品主要针对细分市场和特定的客户群。初始价格设定得很高,通过产品的稀缺性,获取超额利润。在利用最初的巨额利润,为随后的扩张提供充足的资金之后,再通过营销、技术改进等生产出差异化、多层次的产品,不断扩大目标市场,面向更多的普通消费用户。

四、供给的需求创造系数

让我们用供给的需求创造系数（demand-creating coefficient of supply，N）来描述供给创造需求的能力。当 N 的变化趋势发生改变时，供给的需求创造能力也随之变化。

$$N=\frac{\Delta D}{\Delta S}(N\geqslant 0)$$

其中，ΔS 表示新供给，ΔD 表示新需求。

当 N 处于上升阶段时，新供给正在形成或扩大。随着 N 的增加，供给创造需求的能力也随之增加。当 N 小于 1 且不断增加时，则新供给正在形成；当 N 大于 1 且不断增加时，那么新供给就会不断扩张。

当 N 处于下降阶段时，供给会趋于成熟或老化。随着 N 的减少，供给创造需求的能力也会缩小。当 N 大于 1 且不断下降时，供给趋于成熟；当 N 下降且小于 1 时，供给趋于老化。

如果一个经济体以新供给为主导，那么，需求增长率就会加快；如果一个经济体以老化供给为主导，那么，需求增长率就会下降。

Chapter Two

第二章

新供给
经济增长模型

从短期来看，经济增长受到投资、消费、出口三大需求的影响。从长期来看，经济的实际增长是由五大财富源泉的变化引起的，而经济的增长潜力则是由新供给扩张和供给结构升级决定的。

第一节　五大财富源泉：条件、要素、驱动力

一、新古典增长理论和内生增长理论

在新古典增长理论中，罗伯特·索洛认为技术是外生的，独立于其他变量，投资的边际回报率递减。产出(Y)是劳动(L)和资本(K)的函数，即 $Y=F(L, K)$，强调了人口增长率和储蓄率对经济增长的重要影响。

与新古典增长理论不同，内生增长理论认为，技术是经济增长的内生动力。比如，在柯布—道格拉斯生产函数中：

$$Y=A\times K$$

其中，A 代表技术水平，K 代表资本存量。

保罗·罗默进一步发展了内生增长理论，更注重人力资本和技术水平的作用。

新古典增长理论与内生增长理论的区别在于，在技术对经济增长影响问题上的理解不同，但这两种理论都忽略了制度变迁对经济增长的影响，而亚当·斯密在两百多年前就从社会分工变化的角度阐述了这一点。

二、经济增长的五大财富源泉

有的经济学家试图把新古典增长理论和内生增长理论放到一个模型中，将生产函数改为：

$$Y=A\times F(K,L)$$

其中，Y 表示潜在 GDP，A 表示技术水平，K 和 L 分别表示资本和劳动。

新供给经济学认为，生产函数的产出受劳动、资本、土地、技术、制度等因素的影响，即：

$$Y=S\times A\times F(L,W,K) \tag{1.1}$$

其中，L 代表劳动，W 代表土地，K 代表资本，A 代表技术，S 代表制度。

对(1.1)，两边取导数，再除以 $Y=S\times A\times F(L, W, K)$，可以得到如下方程：

$$\frac{\Delta Y}{Y}=\left(\frac{MP_L\times L}{Y}\right)\frac{\Delta L}{L}+\left(\frac{MP_K\times K}{Y}\right)\frac{\Delta K}{K}+\left(\frac{MP_W\times W}{Y}\right)\frac{\Delta W}{W}+\frac{\Delta A}{A}+\frac{\Delta S}{S} \tag{1.2}$$

$\frac{MP_L \times L}{Y}$是劳动产品占总产出的份额，即劳动份额，用α表示。$\frac{MP_K \times K}{Y}$是资本占总产出的份额，即资本份额，用β表示。$\frac{MP_W \times W}{Y}$是土地占总产出的份额，即土地份额，用γ表示。然后将公式(1.2)转换为：

$$\frac{\Delta Y}{Y}=\alpha\frac{\Delta L}{L}+\beta\frac{\Delta K}{K}+\gamma\frac{\Delta W}{W}+\frac{\Delta A}{A}+\frac{\Delta S}{S}$$

即：

产出增长率＝(劳动份额×劳动增长率)＋(资本份额×资本增长率)＋(土地份额×土地增长率)＋技术贡献＋制度贡献

也就是说，经济增长的五大财富源泉是劳动、资本和土地的投入，以及技术进步和制度改善。

三、新供给增长模型：条件、要素和驱动力

五大财富源泉在经济增长中发挥的作用不同。总的来说，土地、资本和劳动是生产要素，技术是根本驱动力，合理的制度安排是经济增长的条件，见图2—1。

如果我们从短期看经济增长，技术和制度几乎是不变的、外生的且独立于其他变量。变量只有三个生产要素，即

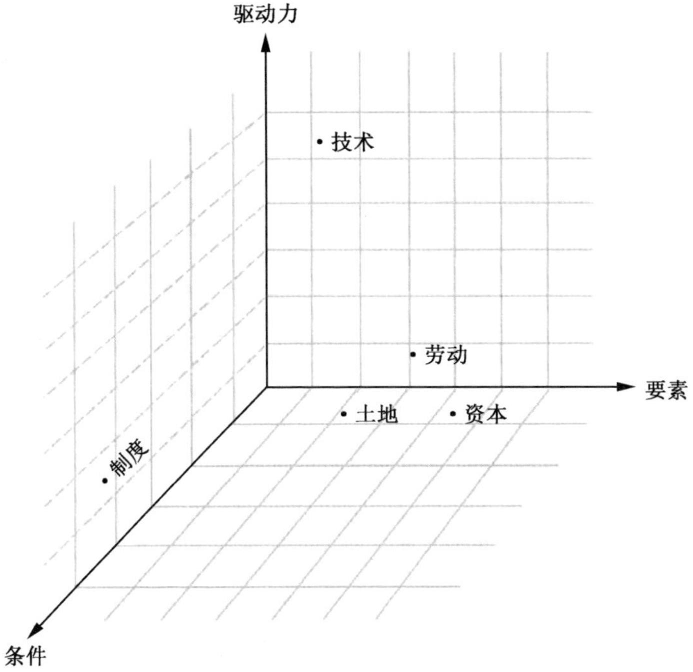

图 2—1　新供给主义经济增长模型

土地、资本和劳动。

从长期来看,技术是可变的,而一个国家生产要素的总量却可能变化很小。例如,在一些欧洲国家,人口、土地和居民储蓄在 10 年多的时间里基本保持不变,但经济仍在增长,主要原因是技术取得了较大的进步。在这种情况下,技术进步不仅是内生的,而且是经济增长的根本驱动力。

制度是经济增长的条件,没有适当的制度机制,经济就难以持续发展。从中国改革开放 40 年的实践来看,如果没有制度红利和市场化红利的前提条件,生产要素投入和技术驱动力的作用很难充分发挥。不仅如此,在某些经济发展的特定阶段,制度进步所产生的动力可能远远大于增加劳动、资本、土地、资源的投入和新技术的驱动,如中国 20 世纪 80 年代的联产承包责任制改革。

短期和静态分析,土地、资本和劳动是生产的可变要素;而从长期来看,制度和技术不仅也是可变的,而且是经济增长的重要条件和根本驱动力。

四、经济增长的条件

制度决定了一个国家宏观的社会分工效率和微观的企业生产效率。20 世纪 70 年代末,在短期人口、土地、农业技术等要素保持不变的情况下,中国的农村家庭承包责任制取代了人民公社制,粮食产量就增加了数倍。

实际上,在中国改革开放的 40 年中,通过制度改革不断创造了经济增长的条件。这些改革包括逐步放开价格、建立市场化体制、鼓励民营企业发展、国有企业股份制改革和混合所有制改革、基础设施和营商环境的改善等国内条件,以及扩大对外开放、不断融入全球市场等国际条件。

然而,在经历了近 40 年的快速增长之后,中国自 2007 年以来经历了经济增速的放缓。季度 GDP 增速已从 2007 年第一季度的接近 12%降至 2019 年第二季度的 6%强。因此，中国迫切需要进行新一轮的市场化改革，创造出更多的经济增长条件。

五、从潜在的财富源泉转化为生产要素

人口、土地和储蓄都是潜在的财富源泉，但有时它们并没有成为生产要素。如何将人口转化为劳动或人力资本，如何使土地和自然资源更好地发挥作用，如何将储蓄转化为资本？

（一）从人口到劳动或人力资本

人口是重要的财富源泉，而教育、培训和移民可以把人口转化为劳动或人力资本，成为生产要素。以英国和法国的经济发展史为例，不同的人口战略导致了两国截然不同的经济产出。1500 年，法国的人口数是 1 600 万，英国的人口数是 400 万；从 1500 年到 1800 年，英国人口数增长了 4.1 倍，而法国仅增长了 1.7 倍。如果把移民包括在内，在 500 年的时间里，当初 400 万的英国人口数增长了 53.5 倍，而 1 600 万的法国人口数只增长了不到 6 倍。人口优势的丧失加速了法国的相对衰落，而人口的快速增长使英国在 19 世纪成为欧洲列强的领袖。

除了教育和培训，劳动从低效率的部门向高效率的部门

流动也可以提高生产效率。一个国家一旦出现了劳动短缺或工资成本持续上升，经济增速往往就会放缓。中国也不例外，如果户籍制度阻碍了劳动的自由流动，那么也将对经济增长造成负面影响。

(二)让土地转化为生产要素

土地[①]作为财富的源泉，但在人们掌握使用土地的方式之前，并不能成为生产要素。农业革命的本质是对于动植物繁殖规律的认识和应用，使土地成为农业生产的要素。农业时代，在那些土壤肥沃、动植物种类繁多的地区，人口会逐渐聚集，并生产出丰富的农产品。例如，从波斯湾到底格里斯河、幼发拉底河，再越过黎巴嫩、以色列的“肥沃新月”地区，人们在种植大麦、椰枣、橄榄、柑橘和葡萄；在中国的黄河和长江流域，也形成了繁荣的农业经济；中南美洲安第斯山脉以玉米和马铃薯为主产；尼罗河流域以种植大麦、小麦和棉花为主；南亚恒河和印度河流域则以大麦、小麦、大米等农作物为主也产生了发达的农业经济。

工业革命让更多的自然资源转化为生产要素。18 世纪 60 年代，随着蒸汽机的发明，煤炭从以前无法利用的资源变成了新的生产要素；20 世纪中叶，石油化工革命又把石油、天然气等拓展为新的生产要素。从此生产要素摆脱了土地资

---

① 本书中，土地包括土地和附着在土地上的自然资源，地租包括土地因各种用途产生的租金，包括农业、工业、商业和采掘业的地租。

源的限制,也不再局限于对动植物繁殖规律的应用。随着物理学的进步和一次次的能源革命和技术革命,人们对地球资源的认识和利用能力不断增强,越来越多的财富源泉转化了可供使用的生产要素。

明确的产权制度是提高土地利用效率的必要条件。通过深化土地产权制度改革,提高中国土地利用效率仍具有巨大的增长潜力。

(三)从个人储蓄到资本

个人储蓄并不是生产要素,资本才是。如何将个人储蓄转变为资本,是金融体系的重要任务。

在中国,传统习惯积累下来的高储蓄以及由于缺乏投资产品而导致的强制储蓄,都曾对中国经济的增长产生了积极的作用。商业银行将大量储蓄转化为企业的低息贷款和经营资本,直接带来了投资的高速增长,对于中国经济起到了重要拉动作用。

但遗憾的是,近年来中国的金融市场似乎打破了这个良性循环,走向了相反的方向。家庭的储蓄利率并没有提高,但企业的贷款成本却大幅上升,进而严重冲击了中国经济。中国金融体系必须进行供给侧结构性改革,切实降低融资成本,才能进一步提高中国经济的潜在增长动力。

六、经济增长的根本驱动力:技术进步

20 世纪 90 年代初,中国改革开放的开创者邓小平提出,科学技术是第一生产力。2018 年,诺贝尔经济学奖授予著名经济学家保罗·罗默。他提出了内生增长理论,也强调技术是经济增长的内生动力。

北京大学张维迎教授认为,中国之所以取得令人瞩目的成就,并不是因为什么中国模式,而是利用了西方发达国家过去三百年间所积累的市场化、企业家精神和技术成果。在《我所经历的三次工业革命》一文中,他详细阐述了工业化对人们家庭生活的影响。还有很多学者也将中国的经济奇迹归因于成功的工业革命。

新供给经济学认为,从长期来看,技术是内生变量,技术进步是经济增长的重要驱动力。技术不仅可以提高现有供给的全要素生产率,还可以促进新供给的扩张。比如,随着地质技术的进步,人们开始发现越来越多分布在地球不同区域的金、银、铜、铁等矿产资源,以及石油、煤炭、天然气等能源,从而扩大了财富的源泉。

再比如,化学技术的发展进一步揭示了物质的性质,并教会了人们如何利用分子结构和化学反应等进行物质转化。石油、煤炭和天然气不仅成为新的能源和动力,而且成为服

装、工业产品和医药等的主要来源。新技术、新供给创造了新的需求,并推动了经济的可持续增长。

七、中国的经济增长总结:条件、因素和驱动力

1978 年以来,中国经济的快速增长,主要得益于良好的增长条件、大量的要素投入以及包括技术引进、自主创新在内的技术驱动。

首先,改革开放为中国经济增长提供了制度条件,让市场在资源配置中发挥越来越重要的作用,从而改变了社会分工,大幅提高了全要素生产率,推动了中国经济的快速增长。

其次,是资本和资源的大量投入和全要素生产率的提高。以劳动投入为例,1978—1990 年,中国就业总量由 40 152 万人增加到 64 749 万人,年均增长约 2 050 万人。随着劳动从低效率的农业部门向更高效率的非农部门转移,劳动的生产率不断提高,极大地推动了中国经济的增长。

最后,中国经济快速增长也是全球工业技术普及的结果。其中,包括 200 年前欧洲纺织工业革命的新供给、150 年前钢铁和铁路工业革命的新供给以及随后的化工、汽车、通信行业、尖端 IT 和生物技术等新供给。

总之,经济增长是由五大财富源泉决定的,以制度为条

件，以劳动、资本、土地为要素，以技术为驱动力。新的制度、新的要素、新的技术，或任何有关五大财富源泉的拓展，都将会带来经济增长。

第二节　供给侧的不同经济增长模式

亚当·斯密、西蒙·库兹涅茨、罗伯特·索洛、约瑟夫·熊彼特、保罗·罗默都是从生产侧或供给侧的角度对经济增长理论作出了贡献。新供给主义经济学的经济增长模型也是在这些经济增长理论的基础上的进一步探索的。

一、从供给侧或生产侧看增长模式

从生产侧看,增加或提升一个或多个财富源泉的投入量或效率,都可以促进经济的发展。比如,增加劳动投入、提高劳动供给质量或劳动生产率,扩大土地投入、提高土地的供给效率,增加资本投入、提高资本的供给效率,引进技术或自主创新,通过制度改革提高劳动分工和全要素生产率等。

主要由人口现象带来的经济增长称为人口驱动型经济增长;由于新要素的发现而导致的总产出提升被定义为资源驱动型经济增长;东亚模式则被认为是由储蓄驱动的,被称为高储蓄驱动型经济增长。

二、制度变革驱动的经济增长

亚当·斯密认为,劳动生产率的提升是分工的结果。他认为,分工主要有三个优点:第一,专业化可以提高技术和技能,即熟能生巧;第二,分工可以避免从一个工作转向另一个工作的时间损失;第三,机器的发明可以简化和减少劳动,使一个人能做多人的工作。

亚当·斯密在强调分工促进专业化而提升效率的同时,也非常重视分工与技术创新进步在经济增长过程中的关系。他认为,经济发展促进分工;随着分工的日益复杂,生产力得以提高;分工的细化会促进新产品、新技术的创新,而生产力的提高将反过来又促进分工的进一步细化,从而实现经济增长。

道格拉斯·诺斯强调,制度在经济增长中起着决定性的作用。制度是人与人之间的组织方式,个人做出选择的激励机制(连同其他限制因素,如预算、技术等)会影响社会和经济的发展。诺斯提出了一个制度的分析框架,包括产权制度、意识形态、国家、伦理道德等,并将制度变迁作为经济增长的内生变量。

道格拉斯·诺斯认同亚当·斯密关于专业化和分工的理论,认为包括交易成本在内的制度安排是专业化和分工的基础。他们认为是制度进步与社会分工变化带来了经济的增长。

以中国为例，1978 年以后的几年内，中国在农村实行了家庭联产承包责任制，在城市实行了承包制、租赁制和股份制，由于制度变迁和社会分工的进步，全要素生产率大幅度提高。这是 20 世纪 80 年代中国经济快速增长的主要原因，是典型的制度变革驱动的经济增长。

三、要素投入驱动的经济增长

在《各国的经济增长》一书中，库兹涅茨研究了各国经济增长的数量特征。对各国国民产值及其组成部分进行量化分析和研究后提出，内生的劳动增长、资本条件的无成本改进、知识存量、技术存量和意识形态的制度，都是经济增长必不可少的组成部分。

1971 年 12 月，库兹涅茨作为诺贝尔奖得主在斯德哥尔摩所作的演讲中，提出了现代经济增长的六个相互关联的方面：第一，人均产出和人口的快速增长；第二，生产效率的增长；第三，结构的快速转型，如经济结构由农业主导向制造业和服务业主导的改变、家庭生产向企业生产的转变；第四，社会结构与思维方式的转变；第五，通讯和运输技术改变引起的国家之间的相互依赖;第六,世界经济的分化。[①]

库兹涅茨将长期经济增长的驱动因素归纳为:人口增长、全要素生产率提升、经济结构升级、社会结构转型等,并认为这些因素之间的相互关系和相互促进更为重要。

哈罗德—多马模型和索洛增长模型,也是从生产要素投入角度进行了研究。在哈罗德—多马模型中,经济增长率与国民储蓄率成正比。而在索洛增长模型中,劳动、资本和知识三个变量之间的关系和相互作用则更为复杂。比如,随着资本和劳动的增长,投资的边际回报率递减。GDP开始会迅速上升,但最终会达到稳态。索洛增长模型很好地预测了中国香港、中国台湾地区、新加坡和日本的经济增长趋势。这些国家或地区的储蓄积累、劳动等要素投入,前期都带来了经济的高速增长,但后期经济增长都出现了不同程度的下降。

四、技术进步驱动的经济增长

熊彼特认为,技术的破坏性创新是经济内部能够打破均衡又恢复均衡的力量,而创新正是经济增长的长期驱动力。按照熊彼特的研究,创新包括:引入一种新产品;采用一种新的生产方法;开辟一个新的市场;获得一种新的原材料或半

---

① 西蒙·史密斯·库兹涅茨:《各国的经济增长》,商务印书馆2005版。

成品的供给来源;实行一种新的企业组织形式,如建立或打破垄断地位。

熊彼特还认为,创新过程也是一个创造性毁灭的过程,即企业创新一旦获得成功,就会将竞争对手排挤出市场,从而获得垄断利润。如2008年初,智能手机市场初具规模,之后产量和市场份额迅速扩大,使得摩托罗拉和诺基亚等传统手机厂商不得不退出市场。在这个过程中,智能手机产业对总产出的贡献远远大于传统手机,开启了经济繁荣的新时代。

在保罗·罗默的增长理论中,除了包括资本和劳动外,还有另外两个生产要素:人力资本和技术水平。保罗·罗默高度重视技术创新,并进一步揭示了知识如何作为长期经济增长的驱动力,以及经济政策和市场条件如何决定新技术的创造。他们都认为是技术进步驱动了经济的增长。

五、中国经济增长模式——总结与展望

自1978年以来,中国创造了经济高速增长的“黄金40年”,是持续增长时间最长的大国经济体之一。这种增长得益于改革红利,巨大的人口红利、土地红利、高储蓄红利,以及技术进步的驱动。

1978年至20世纪90年代中期的第一阶段快速增长,主要得益于农村承包责任制的实施以及城市推行的承包制、租

赁制、股份制等制度改革。这一阶段，增长的条件，即社会分工和生产组织的变化带来生产力的发展，产权制度改革红利和市场化改革红利带来了经济的迅速增长。

从20世纪90年代中期至2010年，中国通过高储蓄、引进外资、数亿劳动者从农村的农业转移到城市的工业、消耗本国生产和全球进口的大量能源和原材料（如铁矿石、煤炭、石油、电力、水泥等），连续20多年保持了10%左右的GDP增长率。这一阶段的增长主要是由劳动、土地和资本的大规模投入和要素生产率提升驱动的，要素红利是这一阶段经济增长的典型特征。

总体上，30多年的增长是由技术引进带来的经济增长、经济结构从农业主导向制造业和服务业导向的转变、社会结构的变化、思想的解放以及融入全球经济等因素所共同推动的。来自三次工业革命的"后发技术红利"是这一时期经济增长的典型特征。

然而，2010年以后，中国进入了经济结构转型的关键阶段，供给结构老化成为这一时期主要经济矛盾。由于供给结构存在扭曲，劳动、土地和资本的供给成本急剧上升，要素供给效率下降。中国应实施真正的、有效的供给侧改革，以降低生产要素成本，提高要素供给效率，再造"新要素红利"，否则经济稳定增长很难持续。

同时，在工业化后期，引进西方国家的技术开始越来越多地受到的制约,引进技术的应用空间也正在迅速缩小。中国应该更多通过自主技术创新,为经济增长创造更多的“新技术红利”。

此外,需要通过深化制度改革,发掘“改革红利”,重启新的经济增长动力。中国改革开放 40 年,是从实事求是、思想解放开始的。每个改革措施,放在 40 年以后的今天看来,仿佛都是自然而然的正确选择。但实际上,当初每一项改革措施都是在激烈的争议中不断摸索出来的,每一步都是在改革思想和保守思想之间的分歧中不断破冰而行的。当前,在国有企业和私营企业的作用、市场作用和政府干预、行政管制和行政垄断、产权制度等方面,仍有较大的改革空间。如果中国能打破保守思想的阻碍,就有望开启制度变革的经济新增长周期。

总之,形成过去 40 年中国经济增长奇迹的改革红利、要素红利、技术红利都已经渐行渐远,中国经济未来的增长潜力不在于需求侧刺激,而在于通过深化供给侧改革,再造新的改革红利、新要素红利和新的技术红利。

第三节　新供给扩张、供给结构升级与经济增长潜力驱动的经济增长

以制度变革为主要驱动力、以更多要素投入为主要驱动力、以技术进步为主要驱动力，都会带来经济的增长。而未来经济增长的潜力则是由新供给扩张决定的，包括财富革命带来的新供给扩张、技术革命带来的新供给扩张和不断升级的供给结构。

一、财富革命中的新供给扩张

从财富源泉和创造方式来看，人类追求财富的历史可以分为三个不同的时代：农业时代、工业时代和软财富时代。每一个时代都是从新供给扩张带来的财富革命开始的。

人类的第一次财富革命是农业革命，同时也是改变人们生活和生产方式的新供给形成和扩张。人们通过发现动植物的繁殖和生长规律，拓展了农业的财富源泉，从而大幅提升了食品、服装的供给。但数百年来，经济并没有出现快速增长，其原因在于有限的财富源泉，以及农业生产方式的限

制决定了较低的经济潜在增长率。农业时代的财富源泉主要来自土壤、水源等地球的表层资源，财富创造的过程也受到动物繁殖和植物生长时间周期的影响。农业创造财富的源泉和方式受到限制，决定了人类财富总量的天花板，几千年来也无法突破。

随着牛顿物理学和相关技术的进步，人类财富的源泉开始超越地球的表层生态资源，更多地从矿石、石油、天然气、煤炭等非生命世界获取效用。人们创造财富的方式也打破了生物繁殖和生长周期的限制，推动经济增长潜力跃升到了一个新的历史水平。

工业革命后，财富的来源不仅包括动植物等农业资源、铁矿石和煤炭资源，而且拓展到了热能、电能和太阳能的利用。煤炭、蒸汽、石油、电力，成为新的财富源泉；化学工业革命将石油、煤炭和铁矿石等地球深层资源，转化为人们的日常生活用品。人们从地下资源和无机材料中获得的财富总量，已经远远超过了地球表面资源，这是近 300 年工业化过程中经济增长的本质。

在工业时代后期，人类的财富源泉不再主要依赖地球资源，而是更多地来自人类的思维活动。比如，知识产品、文化产品、信息产品、金融产品以及其他服务产品，成为满足人们美好生活需要的软财富。随着全球经济进入软财富时代，软财富的供给扩张将带来新的经济增长，随着软财富在经济中的占比越来越大,物质财富的比重越来越小,逐渐呈现出软、硬财富八二分布的情况。

二、技术革命中的新供给扩张

除了财富革命之外,技术革命也会带来新供给扩张,进而提高经济增长潜力。例如,自工业革命以来,至少有五次由技术革命引起的新供给扩张。

第一次技术革命引起的新供给扩张,是从 1787 年到 1816 年,纺织工业、冶金技术的创新在这一时期中的新供给扩张,在经济快速增长中发挥了关键作用。当时纺织品和冶金制品的新供给逐步形成并扩张,从英国到欧洲的工业强国,再到当时的美国、南美、印度和中国等殖民地或半殖民地。1816 年后,当这一轮新供给到达全球经济的大部分地区时,其扩张的势头开始逐渐减弱。

第二次技术革命带来的新供给扩张,是 1842 年以来蒸汽机、钢铁冶炼和铁路技术的发展。这一新技术使得财富源泉进一步拓展,人们能够利用铁矿石和煤炭进行生产。当以蒸汽机和钢铁为代表的新供给,扩张到美国和德国的海运和铁路建设时,第二轮新供给扩张的财富增长效应也开始减弱。

第三次技术革命引起的新供给扩张,是从 1898 年开始的，电力、化学、汽车工业的发展是本次新供给形成和扩张的主要推动力。

第四次技术革命引起的新供给扩张，从 1946 年开始，石化、电子、通信等行业的新供给形成和扩张，是第二次世界大战后经济快速增长的主要驱动力。

第五次技术革命引起的新供给扩张，开始于 1990 年，互联网、新材料、基因技术、新能源等新供给的形成和扩张，是当前经济的长期增长动力。

按照经济学家格哈德·门施的研究，主要的技术革命分别发生在 1770 年、1825 年、1885 年和 1935 年，比这四次经济繁荣时期的起点早了 11～17 年。这种滞后效应，实际上是从最初的技术发明和革命，过渡到新供给扩张的过程。新供给的形成可以提升经济的潜在增长率，而每一次新供给的扩张都可以推动经济进入一个长期快速增长周期。

三、新供给的持续涌现推动供给结构的持续升级

财富革命带来的新供给扩张动力，提升了数百年的经济增长潜力，技术革命带来的新供给扩张动力，带来了数十年的经济增长周期。当今，每天在各个行业、各个领域都在涌现出不同的、细分的新供给，其形成和扩张是经济增长的持续推动力。

在经济增长过程中，一方面，通过新供给形成和扩张，供给结构升级引领消费结构螺旋式上升；另一方面，消费结构升级也会通过新需求影响供给结构，而实际的经济增长是这两种力量相互作用下的结果。

供给结构升级拓展了消费标的，并带来了消费结构升级。比如，在工业革命之前，消费标的主要集中在农业、建筑业、纺织业和运输业的产品；建筑材料仅限于泥、木材和竹子；农业是纺织原料的唯一来源；运输动力主要以牲畜为主。工业革命后，农产品以及源自农产品的食品、饮料、烟草、纺织品等加工产品的需求，仅占总需求的15％～20％，取而代之的是钢铁、有色金属等制造的汽车、家电，以及由石油为原料制成的化学、医疗和通讯产品等。

每一种新供给都会创造出新需求，供给结构的升级带来消费结构的升级，从而拓展经济增长空间。正如著名经济学家阿尔弗雷德·马歇尔所说，人们的欲望和希望在数量上是庞大的，在种类上是多样的，但它们通常是有限的且短期内可以被满足。但从长期来看，人们不仅希望拥有足够数量的日常消费品，希望那些东西有更好的质量，同时还希望有更多的样式可供选择，并且拥有越来越多的新产品来满足新的欲望。

当农产品供给满足人们对食物的基本需要后，休闲食品、保健食品和奢侈品等新供给就开始创造出新的需求。当

“硬价值”的供给创造需求的能力降低时，“软价值”将成为新供给创造新需求、供给升级引领消费升级的新引擎。例如，很多名小吃的价值不仅在于它的味道，还在于它所承载的文化和背后的故事。

供给结构升级如何提高经济增长的潜力？我们以交通工具为例，在汽车发明之前，动物是主要的交通工具。随着蒸汽机、内燃机的发明和应用，汽车、轮船和飞机满足了人们对“出行速度和承载量”的需求。当这些动力交通工具的供给数量达到饱和时，人们的关注点又转向了“出行质量”，进而带来了消费升级。正是捕捉到了人们心理需求的变化和提升，奔驰公司的前总设计师说，他们卖的不是汽车，而是艺术品，只是碰巧它会跑。同样，特斯拉卖的也不是“跑得快”，而是环保和时尚。

持续的供给结构升级，引领消费升级。比如，互联网技术与其他行业的融合，改变了人们的消费方式。在互联网出现之前，人们通过电视、广播、报纸、杂志等渠道获取信息，通过电话、传真、邮局等渠道进行沟通交流，通过现金、票据等方式进行支付，通过电影、电视、户外运动等进行娱乐活动。在互联网技术广泛应用之后，人们的消费就发生了变化。人们开始通过搜索引擎、门户网站来获取信息，通过电子邮件、即时通讯、线上论坛等进行日常交流，通过网上购物，享受个性化服务；通过电子商务、电子支付系统完成交易；在网络游戏、在线音乐等娱乐活动中获取协同、贡献和参与的体验。

总之，经济增长的本质不仅取决于五大财富源泉，而且取决于各种新供给的扩张。新供给以新技术、新产品、新商业模式、新管理模式等形式，不断创造新需求和新市场，通过供给结构升级引领消费结构升级，为经济增长注入持续动力。

Chapter Three

第三章

供给结构与经济周期

中国的经济决策受到计划经济思想的影响较深。20 世纪 90 年代中期以后又较多地受到凯恩斯主义经济理论的影响,因此,决策者习惯于从总供给和总需求的关系的角度去理解经济周期。然而,自 2010 年以来,中国的经济增速开始持续下行,用之前的刺激总需求的办法,效果越来越不明显。于是,越来越多的投资者开始从信贷和金融的伸缩来观察经济周期,也有部分中国的机构投资者开始从库存周期、厂房设备投资周期、房屋和基础设施建设周期、产品生命周期、技术周期等角度去观察经济周期。2013 年我发表了“新供给经济周期”的相关理论,开始尝试着从供给结构的角度去审视中国的经济周期,从而发现中国经济的主要矛盾是供给过剩和供给老化等供给侧结构性问题——在这样的背景下,让经济走出下行周期的根本出路是用改革的办法推动供给结构升级。

第一节　探寻经济周期背后的驱动力和扰动因素

自从 19 世纪早期经济学家们发现了每隔一个阶段就会发生经济危机这样的现象以来，出现了很多经济周期理论。其中从总供给与总需求关系出发的经济周期理论对宏观政策的经济决策影响最大，而从生产和供给变化出发的经济周期理论则对企业家和投资者的投资决策影响较大。

一、从西斯蒙第、马克思到凯恩斯的生产过剩或消费不足理论

19 世纪初期，西斯蒙第和罗伯特·欧文几乎同时发现资本主义周期性经济危机现象。他们认为经济危机是由于生产过剩或消费不足引起的。在利润的驱使下，资本家会生产越来越多的商品，直到引起生产过剩；而贫穷的工人却购买力不足，结果造成全社会消费不足。

19 世纪中期，上述理论被卡尔·马克思进一步发展。他认为，经济的增长不可避免地造成贫富差距的扩大，产生相对生产过剩和经济危机，并在此基础上进一步提出计划经济

的思想。

以西斯蒙第、欧文和马克思为代表的生产过剩或消费不足理论，实际上只是一个阶段性的经济危机的解释，还不是完整的经济周期理论。从消费不足来系统地解释经济周期并成为主流经典理论，是20世纪30年代的凯恩斯经济学。

凯恩斯认为，边际消费倾向递减、货币流动性偏好和资本边际效益递减等三大定律会造成消费不足和投资不足，进而造成总需求越来越低，并引起生产过剩和失业，且单靠市场的自身力量无法恢复均衡，这就会发生经济危机。按照凯恩斯的观点，经济危机的解决之道是政府用财政政策和货币政策，通过积极的干预来调节总需求。凯恩斯主义的总需求干预政策提供了一个经济摆脱衰退的有效解决之道。

马克思和凯恩斯的经济周期理论有很多相似之处，也有较大的不同。虽然二者都从生产过剩或总需求不足来解释经济危机的原因，但是在进一步解释如何形成生产过剩或需求不足方面，马克思认为是收入分配的不平等，凯恩斯则强调边际消费倾向递减等心理定律。至于经济危机的解决之道，二者都强调政府干预，但是对于干预的方式则又各自有截然不同的办法：马克思提出了公有制和计划经济作为解决之道；而凯恩斯则认为资本主义市场经济制度本身没有问题，解决的办法是用财政政策和货币政策干预作为市场力量的必要补充。

第二次世界大战以后，计划经济学和凯恩斯主义经济理论同时成为当时最流行的经济学理论——其中，西方资本主义国家普遍采用了凯恩斯主义的理论干预经济，同时也开始重视提高工人福利，促进平等；而以苏联和中国为代表的社会主义国家则采用了计划经济理论。

20 世纪 70 年代末期，计划经济学和凯恩斯主义经济理论又几乎同时受到严峻挑战。尽管苏联和中国实行了公有制和计划经济，但是仍然有隐性的经济周期，而且都在 20 世纪 70 年代末陷入了低效率甚至经济困难。在西方市场经济国家，当技术革命、金融制度变革或产业结构升级时，边际消费倾向和边际生产率就不再递减，凯恩斯主义理论对经济周期的解释力下降，而且其总需求管理的政策效果必然也会递减。20 世纪 70 年代末期的滞胀使凯恩斯主义理论陷入“两难”选择——既需要扩张性政策来战衰退，又需要紧缩性政策来抗通胀。

尽管有上述理论和实践上的问题，以上两种理论都对中国产生了巨大的影响。也许因为在关于在生产过剩或消费不足造成经济危机的认识，以及主张政府干预等方面的相似性，中国决策者在 20 世纪 90 年代中期很自然地拿起凯恩斯主义的工具来部分替代传统的计划手段，对经济进行干预。结果，不论是凯恩斯主义还是计划措施，都发挥了一定的积极作用，同时也带来一系列相关问题。比如，每一次总需求刺激措施都会留下越来越多的政府债务和结构性问题；每一次货币紧缩措施则会伤害到民营企业，并造成资本市场暴跌；类似于去产能、去库存这样的政策一旦在执行中成为行政干预行为，往往会造成大量中小民营企业亏损、关闭。

二、从供给出发的经济周期

1860 年，法国经济学家朱格拉首先发现了 7～11 年的经济周期——后来熊彼特提出，这个 7～11 年的经济周期本质上是固定资产的投资周期，并命名为“朱格拉周期”。熊彼特还把一个完整的经济周期划分为扩张、危机、衰退、复苏等四个阶段。

1923 年，英国经济学家约瑟夫·基钦提出了 3～5 年的经济周期，也就是存货周期，并被命名为基钦周期。

1930 年，美国经济学家西蒙·库兹涅茨提出了 15～25 年的经济周期，这个周期与房屋建筑有关，被命名为库兹涅茨基础设施建设周期。

1966 年，美国经济学家雷蒙德·弗农提出了产品生命周期理论。这个理论从产品的生命周期角度描述国际贸易——新产品、成熟产品、标准化产品如何流通在国际贸易市场。弗农认为，一个产品生命周期包括五个阶段——导入期、成长期、成熟期、饱和期、衰退期。这也从市场可贸易品的生命周期角度解释了经济的波动。

然而，所有这些理论都是建立在制造业为主体的经济结构中。例如，朱格拉周期与企业的机器设备投资有关，库兹涅茨周期与公路、铁路和公共设施的建筑有关，而基钦周期则是指库存的变化。如今，制造业在中国的比重已经低于30%，在日本和德国的比重在20%左右，在美国、英国、法国的比重都低于20%。在这样的情况下，这些传统的理论还能够用来预测新经济的周期吗？

1925年，苏联经济学家尼古拉·康德拉季耶夫发现了45～60年的经济长周期，后来被称为康德拉季耶夫长周期。由于康德拉季耶夫长波与新技术革命基本同步，大部分经济学家都认可这是技术革命作为新供给驱动力造成的经济周期。比如，第一次长周期大约从1787—1841年，主要是受到纺织和冶金工业革命的影响；第二次长周期大概从1842—1897年，主要受到蒸汽机和铁路技术革命的影响；第三次长周期从1898—1945年，主要受到电力、化工、汽车工业技术的进步驱动；第四次长周期从1946—1990年，主要受到石油化工、电子、通讯技术的驱动；而第五次长周期从1990年至今，主要受到互联网、新材料、生物基因等技术的驱动。

问题是，为什么不同的技术却能带来几乎一样长度的经济周期跨度，都是40～60年呢？新供给经济学认为，这只是一种偶然的巧合。

首先,技术革命带来的新供给扩张能量越大,经济长周期的时间应该越长。例如,钢铁和铁路革命带来的新供给扩张应该比纺织工业要大,而第三次和第四次工业革命带来的新供给扩张能量则更大。

其次,技术传播越快,经济长周期应该越短。第一次、第二次、第三次技术革命时代,早期资本主义社会的制度不完善、不平等造成了频繁的经济危机,延长了新供给扩张的传播时间。而第四次技术革命的能量远远大于前三次。然而,战后全球金融、贸易制度安排,稳定而和平的经济环境,又缩短了新供给的扩张时间。

所以,康德拉季耶夫从统计上发现前四次经济长周期碰巧都是大约 50 年。然而,未来的经济长周期,比如第五次经济长周期却未必一定是 50 年。由于同时期出现的信息技术革命、新材料技术革命、基因技术革命、太空技术、新能源技术等等创造了各种新供给,自然会延长第五次经济长周期的时间。另一方面,交通和通讯条件的改善、类似于私募股权投资或风险投资等金融安排越来越高效,以及全球经济一体化背景下的各种各样制度安排越有效率,这些因素都会加速新供给的扩展,缩短第五次经济长波的时间跨度。

以上经济周期其实都是从供给出发的经济周期:康德拉季耶夫长周期实际上是新技术供给驱动的经济周期,朱格拉周期是厂房设备新供给驱动的经济周期,库兹涅茨周期是建筑设施新供给驱动的经济周期，产品生命周期是新产品供给驱动的经济周期，基钦周期则是存货新供给周期。

三、其他经济周期理论及影响

除了上述经济周期理论，在实践中影响较大的经济周期理论是金融周期。美国金融家乔治·索罗斯认为："信贷的收缩与扩张，是全球经济不稳定的源泉。"事实上，不仅信贷，资本市场的涨跌也是影响经济波动的重要因素之一：每当股市经历一段长期上涨之后，就会出现对消费的"财富效应"和对投资的"正托宾 Q 效应"[①]；反之，每经历一段股市下跌后，就会出现消费的"负财富效应"和对投资的负"托宾 Q 效应"。

此外，还有政治周期以及"创业、守业、衰落"的三代周期等等。

---

① 1981 年诺贝尔经济学奖获得者詹姆斯·托宾提出，如果股权市场市值大于企业的重置成本，则托宾 Q 值大于 1，企业会通过新项目来完成投资，体现在宏观上则固定资产投资增速高；如果股权市场市值小于企业的重置成本，则托宾 Q 值小于 1，企业倾向于通过并购来完成投资，体现在宏观上则固定资产投资增速会降低。我们把因股权市场估值提高而带来的投资增长效应叫作正"托宾 Q 效应"。

第二节 供给结构变化对经济周期的影响

伴随着中国市场经济的逐步形成，经济周期也如影随形而至。1990 年以来，中国政府较多地从总需求来管理宏观经济周期，而在实践中较多地采用了货币政策和财政投资的逆周期干预，且这种干预的频率越来越高，效果越来越递减。因此 2010 年以后，我们开始从供给结构的角度来观察中国的经济周期性波动，并逐渐形成供给结构决定的“新供给周期理论”。

一、经济周期的背后：供给创造需求的能力

在早期工业时代，供给结构比较简单，周期性特征容易观测。随着经济的供给结构越来越复杂，朱格拉周期、库兹涅茨周期、基钦周期、产品生命周期和康德拉季耶夫周期叠加在一起，很多不同的新供给分别处于它们自身周期的不同阶段，从上述单一的供给角度去确定经济周期波动越来越困难。例如，如果设备投资周期处于扩张期，而房屋建筑周期处于下降期，存货周期处于上升阶段，一些新技术创新正在

形成趋势，而大部分产品却处于产品生命周期的衰退期，整个经济周期处于什么阶段呢？

在这样的情况下，整体的供给结构就成为影响经济周期的关键因素。如果总体的供给结构是以新设备投资、新房屋投资、新技术、新库存或新产品为主体，供给创制造需求的能力在增加，经济就处于上升期；反之，如果整个经济的供给结构是以老化的设备、建筑、技术、库存或产品为主体，供给创造需求的能力在下降，经济就处于下行期。

按照马克思和凯恩斯的经济周期理论，经济的周期性上行或下行是总供给和总需求的关系变化造成的。按照新供给经济学的理解，其实总供给与总需求关系本身也是供给结构的变化决定的：当新供给主导供给结构，供给创造需求的能力上升，同样的供给会创造出越来越多的需求，总需求逐渐大于总供给，则经济增长速度自然会上升；反之，当老化供给主导了供给结构，且供给创造需求的能力下降，则同样的供给会创造越来越少的需求。当总供给超过了总需求，经济增速必然下行；当供给结构成熟，供给创造需求的能力不变，则供给能够创造等量的需求，经济增速会趋于稳定。

二、新供给形成，经济进入复苏期

在经济经历过萧条之后，下一个阶段往往就是复苏。但是，如果没有足够体量的新供给形成，经济的复苏并不会一蹴而就。例如，中国经济自 2010 年以来增速逐年放缓，到 2016 年有所企稳，但为什么经济增速触底后没有快速恢复反而呈“L”型增长？经济复苏的驱动力是什么？在一个经济周期的要具备长期复苏的力量，经济结构在新技术、新产品和服务、新商业模式等新供给的驱动下，通常会从供给老化主导转变为“新供给形成”主导。

在新供给形成主导的供给结构中，供给创造需求的能力总体仍然较弱，但已经开始逐步提高，生产要素开始从供给老化的领域向新供给领域转移，全要素生产率有所提升，经济潜在增长率不再下降，而且开始逐渐提升，经济呈现出复苏迹象。

在复苏期，随着供给结构从供给老化主导向新供给形成主导转变，过剩库存会下降到历史低位，开始进入新一轮的补库存阶段。制造业采购经理指数(PMI)中的原材料指数和产品库存指数开始从历史低点反弹，新订单指数开始上升，设备利用率提高。在这个阶段，随着供给创造需求的能力不断增强，老供给压制价格的力度减弱，新供给提升价格的势头增强，经济逐渐具备复苏的力量。

三、新供给扩张推动经济进入上升周期

经济进入上升期的背后，往往对应着一个以新供给扩张为主导的供给结构。这个阶段，在新技术、新产品、新商业模式等新供给扩张的推动下，新供给的比重越来越大，并成为经济中的主力军。在一个新供给扩张主导的经济体中，产能的利用率较高，产品库存很低。随着新供给的普及，企业不断增加设备投资，积极补库存，基础设施投资也会变得活跃起来。

随着供给创造需求的能力进一步提高，供给和需求的增长速度明显加快。越来越多的生产要素投入到新供给领域，全要素生产率得到大幅提升。在这个阶段，供给创造需求的能力越强，劳动、土地、资本流入新供给扩张领域的速度越快，全要素生产率就会越高。

新一轮供给扩张所带来的经济增长动力是由供给创造需求能力提高决定的。在新供给扩张阶段，随着新的就业岗位不断被创造出来，失业率会出现明显下降。以美国劳动市场为例，在2010—2013年的新供给扩张阶段，美国的失业率下降了1.9个百分点。

四、供给结构趋于成熟和老化，经济增速下行

经济发生周期性危机或衰退的深层次原因是供给结构趋于成熟和老化。随着供给成熟和老化的产业成为一个经济体的主体，老化供给不能创造等量的需求，供给创造需求的能力下降，导致供过于求、库存过剩，供给和需求的增长率开始显著下降，设备利用率下降，全要素生产率降低，导致经济增速下降，经济进入衰退期。

在理想状态下，企业能够判断供给创造需求能力的变化，适时调整自身的产能。但在实践中，企业生产往往会经历一个惯性扩张的过程。造成企业生产惯性扩张的原因有很多，如企业盲目乐观、扩张投资带来的产能滞后释放，认为供给创造需求的能力可以在短期内恢复，试图通过迫使竞争对手退出来保持市场份额等。供给过剩或产能过剩越严重，产品价格下跌幅度就越大，这会导致相关公司亏损，甚至关闭，进而过剩产能退出，相关产品的供给减少。

五、衡量经济周期新指标：供给创造需求的能力

从供给结构出发，衡量经济周期的新指标是“供给创造需求的能力”。20 世纪 90 年代，美国所谓的“新经济”现象，

主要受益于新技术的推动,包括信息技术、新材料、基因技术等的突破。此外,新技术得到了金融市场的支持,特别是风险投资和私募股权投资。新的供给扩张行业抵消了传统行业的周期性衰退,表现为10年的持续高增长、低通胀和低失业率的现象,被20世纪90年代的人们称为“新经济时代”——这本质上是由于“供给创造需求能力”的不断上升,以及背后的新供给扩张型经济结构。

就中国的经济周期而言,从2007—2019年,中国经济处于供给成熟和老化阶段。随着煤炭、钢铁、化工、汽车、房地产等传统制造业增速的放缓,以阿里巴巴、腾讯等公司为代表的新供给快速增长,供给结构变化和供给升级的速度加快。中国经济的未来并不取决于供给老化的行业,而是取决于那些能够创造新需求的新供给行业。

六、工业化后期如何熨平经济周期:用改革的办法推动供给结构升级

在工业化早期,经济出现周期性危机的主要原因是收入分配不平等造成的消费不足;在工业化中期,经济出现周期性衰退主要是由于边际效用递减造成的需求不足;而在工业化后期,经济出现周期性波动的主要原因是供给创造需求的能力变化,即不同的供给结构。

面对供给结构老化造成的经济增速下行，既不能用计划经济的手段去破坏市场机制，也不应采取凯恩斯主义的措施，扩大旧经济的供给老化产业，而是应通过改革的办法来推动供给结构升级，提高供给创造需求的能力，引导新的供给创造新的需求，进而更新经济的供给结构。

在供给成熟或供给老化阶段，政府采取限产或限制行业准入等措施干预市场并不是最优的选择。中国政府多次采取的上述限制措施被证明是效果不大的，一方面导致了被限制行业相关产品价格的上涨；另一方面在取消限制性措施后，又加剧了新一轮的产能过剩。其中，在2004年和2016年对钢铁和煤炭行业的干预政策最终都遭到了很多批评。

应对经济周期的正确方式是从供给侧着手，用改革的办法推动供给结构升级，包括放松对产品和服务的供给约束，解除对劳动、土地和资本等要素的供给抑制，以及出台培育新供给的相关措施。

Chapter

Four

第四章

用渐进式改革的办法推动供给结构升级

当供给结构老化造成一个经济体的供给不能创造与自身等量的需求,就会发生经济增速下行甚至衰退。根据新供给经济学以供给结构为基础的经济周期理论,应该通过推动供给结构升级来提高供给创造需求的能力。

如何推动供给结构升级?一种办法是用行政和计划手段来强令一些产能过剩的企业退出,迫使这些过剩产业的生产要素向其他方向转移;另一种办法是通过鼓励新供给、新动能,先有新供给的产生,再有老供给的退出。在具体推动手段上,前者必然选择行政指令和计划手段,后者则要求政府通过相关领域的渐进式改革,用市场化的手段引导生产要素从供给成熟和供给老化的领域加快向新供给形成、供给扩张领域转移,通过推动供给升级,引领消费升级。新供给主义经济学更倾向于后者,即用渐进式改革的办法推动供给结构升级。

第一节 供给结构老化与供给结构升级的规律

新供给替代老供给的过程，应在市场力量的作用下自发完成。正常的先后顺序是，先有新供给的形成和扩张，再有老化供给的退出。虽然新供给扩张的过程是一个“破坏性创造”的过程，但是，对老供给的破坏性力量应该是来自新供给的竞争，而不是政府的行政计划干预。

一、从新供给扩张经济到供给老化型经济，供给创造需求的能力降低

任何一项主流技术和主流产业，早晚都会进入到供给老化阶段。当供给老化产业占经济的比重超过了供给扩张产业，整个经济就呈现出供给结构老化的特点。在供给老化产业中，投入的要素越多，经济的整体运行效率越低。在供给过剩产业往往沉淀了大量的资金、闲置劳动、闲置固定资产等，表现为生产效率低下。因此，在供给老化阶段，老供给不能创造出等量的需求，整个经济供给创造需求的系数下降，进而使得经济内生增长动力下降。

从中国的供给结构来看，2002—2007 年呈现出明显的供给扩张特征，包括以房地产、汽车、家电、手机等消费品的供给扩张，公路、铁路、机场等基础设施的供给扩张，以及通信、互联网、新传媒、新零售等新经济的供给扩张。在这阶段 1 个单位的有效供给能创造出大于 1 的或递增的有效需求，整个经济呈现出繁荣和扩张的特征。

2008 年以后，中国的供给结构呈现出较多的供给成熟特征，前述行业如钢铁、玻璃、水泥、电解铝、汽车、家电等等的供给创造需求能力都有所下降，整个经济的供给创造需求能力也也有所回落，但是总供给仍能够创造出大体等量的总需求。

自 2010 年以来，中国经济的供给结构呈现出会越来越多的供给老化特征，不仅水泥、电解铝、钢铁、煤炭、化工等行业开始出现产能过剩，而且很多消费品如黑色家电、日用化工、汽车等很多行业都先后进入供给老化阶段。个别供给老化行业，如汽车，在 2018 中期开始进入负增长阶段。

相比之下，美国经济则在制造业增速多年下降、房地产经受过“次贷危机”的洗礼后，供给结构进行了彻底的改变，服务业在美国 GDP 的占比近 80%。自 2010 年以来，随着以苹果、谷歌、Facebook 等公司为代表的新供给的不断扩张，美国经济再次呈现出供给扩张的特征。从地区来看，对美国经济贡献最大的是以新供给产业为代表的加州、纽约、新英格兰等地区，而其他很多中部农业州和传统制造业州，经济并没有明显变化。

2019 年以来，中国经济中的新零售、云计算、5G 通讯产业、新能源、人工智能等产业开始进入新供给形成阶段，但是这些新技术、新业态距离大规模产业化和新供给扩张还需时日。与此同时，不仅传统制造业的产能过剩情况依然严峻，而且汽车、洗衣机、4G 手机等大宗消费也开始呈现供给老化的特征，中国经济的主要矛盾依然能是供给结构老化。

二、供给结构升级是一个“破坏性创造”的过程

在供给结构升级的过程中，新供给的形成和对老化供给的替代都是“破坏性创造”的过程。如果没有这种更迭和替代，一个经济体的供给创造需求的能力就无法提高。

每次新供给的产生一般会伴随对老化供给的冲击，比如苹果手机（iPhone）的出现迫使原有的老化供给退出了市场，受到冲击的包括诺基亚（Nokia）和摩托罗拉（Motorola）等老一代手机公司。

在新供给对老供给的冲击过程中，常常伴随着大量结构性失业。以英国纺织工业技术革命为例，1764 年织布工詹姆士·哈格里夫斯发明了“珍妮机”（Spinning Jenny），使纺纱效率提高了 20 倍左右，极大地提高了生产率。结果对原有的老供给成了冲击，部分未及时跟上新趋势的纺织厂被迫倒

闭,短期失业率上升。

三、先有新供给形成,再有老供给退出

按照新供给经济的逻辑,正常的市场化先后顺序应该是,先有新供给的形成和扩张,再有供给成熟和供给老化的产能退出。例如,在 20 世纪末,寻呼机作为当时的“新供给”,曾经满足了人们对远距离即时通讯的需求。在 1995—1998 年的快速扩张阶段,中国每年新增用户数高达 1 600 万。然而,随着手机在 2000 年后的出现和崛起,寻呼机业务逐年萎缩,直至整个行业消失。

既然新供给形成与扩张的过程必然伴随着老供给的退出,那么,政府用行政计划手段主导的“去产能”“去库存”是不是也有逻辑上合理的一面呢?比如,我们是否能想象另外一种新旧供给变化的顺序:首先停止寻呼机市场的过度增长,然后等待新技术和新供应的出现?显然这是不可能的。

为什么中国会有 2004 年、2016 年强行对产能过剩行业进行干预呢?这是因为中国的经济体制中有大量对市场价格信号不敏感、不能破产的国有企业甚至“僵尸企业”;二来决策部门认为市场反应过慢或存在“市场失灵”,必须靠政府来干预。但是,每次行政计划干预的结果几乎都是这些行业产品价格的剧烈上涨和产能的再次增加,结果反而放大了经

济波动。此外，还有行政手段干预过程中的不公平问题。

培育新供给、新动能和“去产能”“去库存”，还是应该依靠市场的力量、按照市场化的先后次序，先有新供给扩张再有老供给退出。培育新供给、新动能和“去产能”“去库存”，至少是同向并肩而行的两条河流，只有两条河流合二为一，才意味着供给升级见到了一定的成效。反之，仅仅把过剩产能或者老化产能关了或停产、限产，还算不上供给升级；只有当过剩产业的生产要素，比如土地、劳动、资本等要素转流向了新供给领域，才能真正实现供给结构升级。

四、避免政府在供给结构转型中的误区

面对老化的供给结构，财政政策和货币政策的刺激可以帮助吸收过剩产能，促进经济短期内反弹；但另一方面，这些政策也可能会鼓励老化产能的过度扩张，阻碍经济结构的升级，降低经济的长期增长潜力。

在中国，一些地方政府出于就业和社会稳定的目的，用金融资金、国有商业银行贷款或税收、财政补贴来支持“僵尸企业”。这种做法既阻碍了老化供给的退出，也阻碍了要素向新产业的转移，阻碍供给结构升级。

受计划思想影响，另一个错误的措施是强制关闭那些仍然有能力通过市场手段生存的企业，这种做法可以立即减少

供给老化行业的产出，但从长远来看，它将扰乱市场秩序，导致经济衰退。面对日益老化的供给结构，“去产能”政策就像是在经济衰退期间猛踩刹车。例如，2016 年和 2017 年，中国政府对钢铁、煤炭、焦炭的生产实施了严格的行政限制，导致这些产品的价格大幅上涨，增加了中国经济的供应成本，导致经济增速放缓。

第二节 政府在供给结构转型中的正确角色

新供给经济学认为，解决供给老化问题的根本出路是通过市场化改革手段升级供给结构：引导生产要素从供给老化部门流向新供给部门，提高供给创造需求的能力，为经济注入新的增长动力。在此过程中，政府在加快供给结构升级的作用不是行政干预或行政规划，也不是以需求为导向的产业政策。相反，政府应该通过改革，完善新供给形成所需要的制度环境和市场条件，让市场自发完成供给升级。显然，用改革的办法推进结构调整，比用计划和指令的办法来调结构要更好。那么，政府应该用什么样的改革措施来推动经济结构调整呢？

一、放松管制、反垄断和减税，为新供给开“绿灯”

产品和服务的供给约束存在于许多领域。一些供给约束，如行政管制，最初是为了保证供给质量，保护公共福利。然而，一旦市场调节作用被行政许可制度、项目审批或价格限制等管制措施所取代，就往往成为保护老供给既得利益的

“篱笆”，一来自然造成有效供给不足和供给质量下降，二来增加了新供给进入的难度。行政垄断和高税收，也限制了有效供给，提高了新供给进入的门槛。

解除这些供给约束，放松行政控制，减少垄断和减税，为新供给、有效供给开“绿灯”，是政府在推动结构转型中的首要功课。

二、消除对土地、劳动、资本的供给约束

供给结构升级过程需要劳动、土地、资本等生产要素，顺利从供给老化向新供给的领域流动。例如，关闭后的供给老化企业，可以通过出售他们的土地来拉动地方的经济增长。然而，如果土地交易的产权不清晰，或者土地流动受到抑制，不能顺利实现从工业到商业的转移，新供给的形成就会受到阻碍。

对中国而言，消除对人口、劳动、资本的供给抑制，通过深化户籍制度改革、土地制度改革、金融制度改革，促进实现土地、劳动、资本等要素的自由流动，也是推动供给结构升级的关键所在。

三、削减不合理补贴，从"授人以鱼"到"授人以渔"

任何改革中最困难的任务，不是通过改革让一些人获益，而是把一些人赖以生存的"蛋糕"拿走。在供给侧结构性改革中，也需要把供给老化行业的不合理保护予以取消。

在中国，一些地方政府为了稳定就业都曾向供给老化企业提供补贴，或要求地方商业银行向陷入困境的供给老化企业提供贷款。从短期来看，这种支持有利于就业和社会稳定；而从长期来看，这种对"僵尸企业"的支持不仅浪费财政资源、扰乱商业银行的正常运营，还会进一步扭曲金融资源的配置。

取消这些不合理的补贴，不仅给新供给腾出市场空间，也可以节省财力，减少金融风险。政府在节省下这些财力后，一方面需要可用于建立健全社会保障和救济机制，为供给结构转型过程中容易受到冲击的弱势群体搭建一张社会安全网；另一方面还可以做好新旧供给转换过程中暂时性和结构性失业人员再就业培训工作，从"授人以鱼"到"授人以渔"。

四、鼓励老供给与新供给收购兼并，而不是行政干预下的简单合并

在供给升级过程中，老化供给可以通过破产清算的形式退出，也可以通过与新供给相结合或产业的兼并重组提高其供给创造的能力。比如，在 2015 年 11 月一次国务院常务会议上，李克强总理以大陆某传统服装制造业和中国台湾某智能穿戴设备制造商如何结合为新供给、创造新需求的案例，简单地说明供给结构转型升级的道理。

如果老供给产业能够被新供给产业收购或兼并，这不但将减少老供给退出的社会冲击，而且还可以加速生产要素向新供给转移。这是供给结构升级和经济转型成功的最有效模式。在苹果智能手机的冲击下，曾经的手机制造巨头诺基亚被微软收购，摩托罗拉被谷歌收购。

当然，在某些老供给行业面临亏损时，通过行政手段，把亏损的和不亏损的老供给进行简单的合并，虽然也能够从财务上减少一个亏损企业，但是并不能带来供给创造需求能力的根本提升。比如，中国 2015 以来，将很多原本相互竞争的国有上市公司合并为更大的同行业国有上市公司——这种简单的同业合并，有的掩盖了个别企业的亏损，有的实现了一定的协同效应，但是总体而言往往强化了垄断，而无助于

供给升级。

五、在经济转型过程中的产业政策：引导孵化 vs. 指令规划

在经济转型中的产业政策是否有效，本质上取决于产业政策决策者对于未来行业发展趋势和供求关系的认识和把握。如果产业政策制定者能够准确把握未来新供给的方向，那么通过适当的产业政策，将有助于优化资源配置、促进技术或产业升级。反之，如果不能够前瞻性地把握未来趋势，预见新供给方向，产业政策也有可能会造成资源的错配，对经济转型产生负面影响。

新供给经济学认为，在老市场中，供给满足需求，消费结构的变化比较容易预测，因此，基于当前需求的产业政策可能在短期内是正确的。然而，在向新经济转型的过程中，是新供给创造了新需求，企业创新带动了供给结构升级，然后再引领消费结构的升级。在工业社会后期，新供给的发展路线和商业模式是很难预测的——就像 20 世纪 90 年代很少有人能预测今天 iPhone 和微信的流行程度，同样，我们也很难想象 10 年后的新供给。

现实中，大部分产业政策都是从已经存在的需求结构出发，基于现有的供给结构，力求规划符合未来需求的产业，传

统制造业的规划在产品生产和基础设施建设等方面，很少犯错误。但在新供给领域，比如 iPhone、Google、Facebook、网约车这样的新供给从来都不是产业政策规划出来的——在未来以软性制造业、知识产业、信息产业、文化产业、金融产业、其他高端服务业为主题的新经济中，产业政策应该慎之又慎。

在不能够前瞻性预测未来新技术、新产业、新模式、新业态的情况下，政府在推动经济转型和供给结构升级的过程中仍然大有可为。比如，通过深化政府服务能力的供给侧改革，打造良好的投资环境和营商环境等；政府还可以发布行业数据信息，提供配套的产业基金，用市场化的方式对新供给进行引导和孵化服务。很多类似于北京中关村科技园区这样的地方，具备良好的区位优势、成熟的人才和劳动力市场、良好的金融支持、税收和其他政策支持，孵化了一批又一批新供给，成为中国供给结构升级的代表模式。

总之，工业社会后期，面对供给结构老化导致供给创造需求的能力下降。为了从旧经济成功转型到新经济，必须通过渐进式的供给侧结构性改革，为新供给的产生大开绿灯，为生产要素从供给老化的产业向新供给产业转移创造条件。在这个过程中，对老供给的冲击不应该来自行政的干预，而应该来自市场的力量；新的需求不能从财政或货币政策刺激中获得，而应由新供给创造出来。中国曾经在过去 40 年里用渐进式改革成功地实现了从计划经济到市场经济的转型，也成功地实现了从农业经济向工业、服务业经济的转型。如今在工业化和城市化的后期阶段，也一定能够用渐进式改革的办法推动供给结构升级，探索出从供给老化向下一轮新供给扩张的成功之路。

Chapter

Five

第五章

放松对制度改进的约束 改善经济增长的条件

根据新供给经济增长模型，制度是经济增长的前提条件。对于中国这样的转型经济，过去 40 年的很大一部分增长力量本就来自经济制度的改革所创造的增长红利。然而，很多决策者认为，中国经济制度已经基本完善，能改的都已经改得差不多了，剩下的都是不能改的。事实并非如此，其实在 20 世纪 80 年代改革刚刚开始的时候，人们也曾经认为很多东西不能改，比如，人民公社制度改为包产到户、放开价格、设立深圳特区、加入 WTO 等等都曾经引发争议。现在我们的经济制度改革也受到诸多旧观念约束，甚至既得利益者的阻碍。如何总结上一个 40 年经济体制改革的成功经验，解放思想，放松对制度改进的约束，才能找到下一个阶段新的改革红利？

第一节　如何认识制度改进带来的增长潜力

制度决定一个国家的宏观分工效率和微观企业管理效率，进而影响全要素生产率和经济增长率。而制度改进则带来新的经济增长，就如同中国的改革开放点燃了中国 20 世纪 80 年代以来的经济增长奇迹。

一、制度对于产出和经济增长的影响

制度的有效性会影响劳动力、土地、资本的配置，甚至影响技术的使用。在不同的制度背景下，要素具有不同的投入产出效率。当存在制度约束时，要素生产率会下降，进而影响总产出和经济增长。

劳动、土地、资本、技术、制度的生产函数为：

$$Y=S\times A\times F(L,W,K)$$

其中，L 代表劳动，W 指土地，K 代表资本，A 代表技术，S 代表制度。

为了更好地分析制度的贡献，生产函数细化为：

$$Y=S[dA(aL+bW+cK)]$$

这里 a、b、c、d 是在一定制度条件下劳动力、土地、资本和技术的贡献率。在不同的制度条件下，a、b、c、d 的值是不同的。

S 代表制度对产出和经济增长的作用。如果 $S>1$，则制度安排可以产生协同作用；如果 $S<1$，说明制度安排对产出构成约束。

如果一个经济体长期受到制度约束，经济增长将受到负面影响。

二、解除对制度改进的约束

如果劳动力、资本、土地和技术的供给保持不变，对制度的约束通过影响全要素生产率（TFP）来影响总产出。

如图 5－1，横坐标 Q 表示劳动力、土地、资本的投入。当没有制度约束时，Q_* 单位的供给可以创造 Y_* 单位的有效产出。当存在制度约束时，E_* 下降到 E_1，此时的制度安排无法使全要素生产率充分发挥，导致 TFP 下降；对应的产业会从 Y_* 下降到 Y_1，(Y_*-Y_1) 是由于制度约束而导致的产出损失。

消除制度约束可以提高全要素生产率，从而提高潜在经济增长率。如图 5－2，如果消除对制度改进的约束，TFP 将从 E_1 上升到 E_*，相应的总产出将从 Y_1 增长到 Y_*。

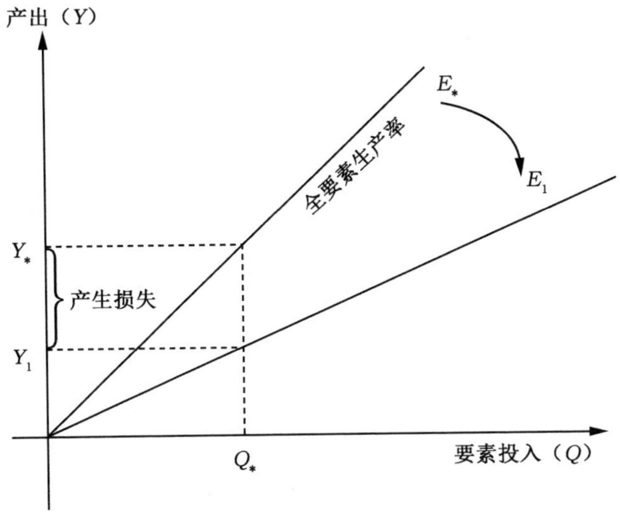

图 5—1　有制度约束时的产出情况

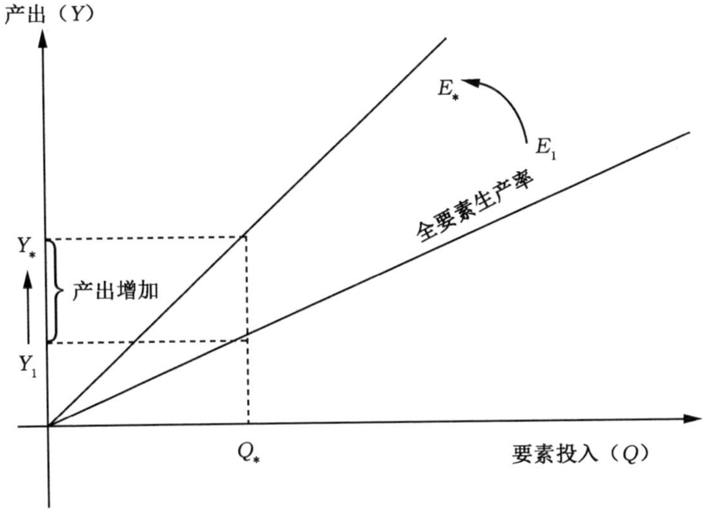

图 5—2　消除制度约束的影响

三、制度改进带来增长红利

道格拉斯·诺斯(Douglass C. North)在研究公元1600—1850年的航运业发展时发现,尽管这期间并没有技术突破,但航运业的生产率却有了显著提高。他将这一变化归因于制度的改进,如海上抢劫的减少、市场的成熟以及全球贸易的发展。

最经典的案例当然还是20世纪80年代中国的改革红利:通过放弃人民公社制度,实行家庭联产承包责任制,在劳动力、土地、资本和技术条件相似的情况下,中国农业生产迅速增长。之后,中国在城镇实行租赁制和股份制,由于制度改进和社会分工的进步,全要素生产率有了很大的提高。

在亚当·斯密看来,劳动分工的进步必然带来更高的生产力。道格拉斯·诺斯支持亚当·斯密的劳动分工理论,认为包括交易成本在内的制度安排是劳动分工的基础。诺斯提出了一个分析制度的框架,包括产权制度、意识形态、国家、伦理等,并将制度改进作为经济增长的内生变量。然而,从中国40年的改革经验来看,制度改进应从产权改革和市场化改革两个方面着手。

第二节 渐进式制度改革的两条主线:产权改革与市场化改革

40 年的改革红利,主要是沿着产权改革和市场化改革这两条线取得。不过,从产权改革和市场化改革两个方面的进程看,中国经济体制改革依然任重而道远。如果中国能够打破保守思维,消除制度约束,进一步深化混合所有制产权改革,让市场在资源配置中发挥决定性作用,就可以获得巨大的新改革红利。

一、产权改革要有新突破

产权制度作为经济增长的前提,是经济制度的核心。

回顾中国产权改革 40 年,从承包制到租赁制、股份制改革、混合所有制,改革的每一步都极大地解放了经济约束,提高了生产力,建立了比较完善的公司治理结构。

然而,近年来,产权改革似乎又一次遇到了保守思想的强大障碍。根据一些错误的思潮,不仅应该限制私人企业的发展,也许国有企业改革也会走“回头路”。

为了突破保守思想的束缚，应该从福利和效率的角度广泛探讨民营企业和国有企业的作用。

从福利的角度看，国有企业和国有资产虽然是形式上的公共财富和国家财富，但必然由形形色色的个人所支配。而亿万富翁的私有产权虽然名义上由个人所拥有，但实际上并不能全部用于个人消费或直接支配。从某种意义上说，任何超过个人消费能力和支配能力的私人财富，从本质意义上其实都是社会的财富。

从效率的角度来看，人们从财富中可能获得的利益越直接，财富的创造效率就越高。就创造财富的效率而言，在大多数情况下，私营企业的运作效率高于公营企业。据中国国家统计局统计，中国有近 2 500 万家民营企业，占全国税收的 50%、GDP 的 60%、就业总量的 80%、新增就业的 90%。同时，在民营企业的竞争压力下，大部分因激励机制不足而效率低下的国有企业大多都纷纷进行了股份制改造，逐步完善了公司治理结构，强化了激励机制，提高了管理效率。

就创造财富的效率而言，私营部门的运作效率更高；就财富的作用而言，家庭部门是最终的消费者。因此，以人民为中心、追求民富，才是可持续发展的必由之路。

如果中国国有企业混合所有制改革能够有所突破，就有很大的潜力产生新的增长红利。为推进混合所有制改革，政府必须建立清晰科学的国有产权评估体系，在国有股权内部转让中引入市场竞争,以维护公平。

二、深化市场化改革

市场化改革也为中国经济增长创造了更好的条件。从20世纪80年代的价格“双轨制”改革,放开的生活资料和生产资料的价格,建立了统一的产品市场,劳动力市场、资本市场、土地市场的建立,然后加入WTO全面参与全球分工,中国政府发起的市场化改革极大地促进了社会分工和全要素生产率的提高。

然而,在目前的劳动力市场上,仍然存在影响劳动力平等待遇的户籍制度;在金融市场上,存在着各种垄断、专营权、利率等价格控制,以及对信贷流向的行政控制;在土地市场上,大部分土地不能自由流转或买卖;在海外市场,由于政府干预、补贴、管制或某些行业的垄断,中国遭遇了前所未有的阻力。

在这样的背景下,更需要进一步的市场化改革,才能产生新的改革红利。这些市场化改革包括建立更好的要素市场,取消更多的政府干预、补贴、管制和行政垄断等。

三、渐进式改革与社会稳定

制度约束的解除必然会触及各方利益。为了在制度改革中保持利益平衡,政府应该对改革中遭受损失的人进行补偿安排。必要时,政府可以允许市场主体支付对价补偿,以换取行政权力或原利益相关者的退出。例如,在中国 2006 年上市公司"股权分置"改革中,没有流通权的大股东通过按一定比例向流通股股东送股以获得流通权,从而兼顾了两类股东的利益,改善了企业的管理结构。

在改革过程中,要注意不同制度之间的联系和相互支持,要保持渐进、有序的原则。20 世纪 80 年代以来,中国政府在保持国有企业产权稳定的同时,引入了承包制和租赁制的市场机制;通过引入来自私营部门和外国竞争对手的竞争,推动了增量部门的转型改革,同时迫使国有企业通过市场化改革提高利润;后来又引入了股份制,把中国经济逐步转变为混合所有制经济。各项改革措施都是渐进式改革,平稳过渡有利于降低改革成本和冲击。

第三节　供给约束的根源、影响及改革方式与潜力

在中国的交通运输行业、出版传媒行业、医院、教育培训等行业，仍然存在着普遍的行政管制。这些管制措施，一方面确保了行业的产品和服务供给质量，同时也抑制了竞争，形成了这些领域的供给约束。有的行政性供给约束是通过许可证制度、行政审批制度，限制了有效供给数量，有的则是通过直接控制产品或服务的价格干预市场。

在中国，行政管制的形成有两种情况：一种是计划经济遗留下来的"沙砾"，一种是由于监管过度或监管政策调整滞后的结果。通过这些放松行政性供给约束，取消这些不必要的管制，有利于释放有效供给，推动经济增长。

一、行政管制的背景——计划经济遗留下来的"沙砾"

作为计划经济下的遗留物，中国行政管制的形成与计划经济密切相关。

20 世纪 50 年代，中国开始逐渐形成计划经济体制，经济受到不同程度的供给约束。有的是指令性的，比如限产、限

量、限价；有的是指导性的，在指标范围内给予一定的生产弹性空间。国家通过拟定经济增长规划、制定产业政策、建立行政审批制度、价格管制、数量控制、配额管理等措施，进行宏观经济调控和微观管理。

20 世纪 60 年代和 20 世纪 70 年代以后，计划的配额与实际需求之间的脱节日益严重，许多问题逐渐暴露出来。比如，如何协调生产与国家人力、财力和物力的投入比例；如何平衡购买力与商品供给之间的关系；如何协调工业增长与农业发展的关系；如何调动劳动者的积极性；如何在缺乏经济统计数据的情况下解决信息不对称的问题；等等。

1978 年，中国开始逐步放开市场。1982 年，中国决策部门正式提出“计划经济为主，市场调节为辅”。之后的 10 年中，国家指令性和计划性的政策实施范围逐步缩小，政府允许的私人经济和市场生产占经济的比例开始上升。在这一时期，中国开始探索放松行政管制的可能性。例如，家庭联产承包责任制改革实行后，将土地等生产资料承包给农民，农民可以自主经营决策，只要完成了政府和村集体分配的任务，就可以分享利润。这极大地调动了农民的生产积极性，提高了生产效率。

国有企业经营管理自主权进一步增强。只要达到国家计划确定的目标，允许企业根据市场需求、订单的变化调整产品供给量，并使用部分资金用于扩大再生产和员工福利。

生产资料不再完全由行政计划分配,供给可以根据实际需求进行灵活调整;允许企业自主购销产品,商场的购销自由度进一步扩大;区域间的壁垒逐渐被打破,跨区域销售、进货渠道逐步被打开,不同区域之间的商品交换成为可能。

在价格机制方面,逐步放开价格管制,探索更加灵活的定价机制。铁路、民用航空、邮电、重要消费品等涉及国民经济和民生的重要商品,仍实行固定限价;而对一般商品,政府开始逐步放开价格管制,允许生产企业根据市场供需情况协议定价,零售商的销售价格可以自由浮动。

1992 年,中国政府明确指出,在政府宏观调控下,市场应在资源配置中发挥基础性作用,通过价格杠杆和竞争机制,实现资源转移和优胜劣汰。在中国确立了社会主义市场经济地位后,行政管制退出的速度加快,政府经济职能逐步转变,简政放权,把生产、经营、流通的权利逐步放给企业。

1992—2012 年,中国政府取消行政审批事项 1 600 多项。2013—2015 年,这一数字继续增长,分别取消了 231 项、385 项和 570 项。其中,包括放宽固定资产投资审批权限,简化多项审批程序,取消项目评比、达标、表彰等,并取消了多项职业资格许可证。

虽然政府一直致力于简政放权,但许多行业仍然存在着行政管制,计划经济思想仍然影响着中国经济转型。

二、行政管制的背景——管制过度或管制调整滞后

在市场经济条件下，适当的调控政策可以改善市场秩序，有利于营造良好的竞争环境，但如果相关政策不能适应经济发展，就会形成供给约束，阻碍新供给的形成或供给潜力无法转化为有效供给。

以北京的出租车行业为例，其发展可分为三个阶段：新供给的形成阶段、政策扶持下的新供给扩张阶段和行政管制下的供给成熟阶段。

第一阶段：形成新的出租车服务供给格局。1984 年，北京的大街小巷，陆续出现后来被称为“面的”的黄色面包车，这就是早期出租车服务的诞生。私人出租车创造了新的需求和新的市场。

第二阶段：政策扶持下的新供给扩张阶段。从 1991—1992 年，政府通过鼓励社会资本的参与和提供优惠的贷款，加大了对出租车行业的扶持力度。在政府的扶持下，出租车这种新供给的增长率显著提高。到 1993 年 5 月，北京注册出租车公司从 1991 年的 201 家增加到 1 085 家，营运车辆从 1991 年的 1.62 万辆增加到 4.9 万辆。

第三阶段：行政管制下的成熟供给阶段。由于该行业增长过快，出现了短暂的供给过剩和过度竞争。为了解决这些

问题，北京市出租车管理部门在之后的 4 年里出台了许多限制政策。1993 年 3 月，宣布停止批准新的出租车公司。1994 年 4 月，北京市政府发布了《关于控制出租汽车总量增加的通知》，继续冻结新出租车公司的审批。1996 年发布《关于加强企业营运任务承包管理工作的通知》，明确出租车司机必须与出租车公司签订合同。合同规定了营运方式、承包期限、车辆价值保证金和营运收入，以及每月的管理费（每班 4 500 元）等。

2000 年 6 月，北京市交通委发布了《关于整顿本市出租车行业和企业意见的通知》。在政策文件中，出租车企业总数限制在 200 家，出租车总数限制在 6 万辆；单班每月行政费用增加到 5 175 元，双班每月增加到 7 584 元；出租车牌照由政府拍卖给出租车公司，然后由出租车司机承包。自那以来，北京出租车行业的规模一直保持不变。

截至 2000 年底，北京常住人口 1 382 万人，2015 年底，这一数字为 2 170 万。2000 年，北京居民每天的出行距离为 5.8 公里，2015 年，这一数字增至 8.1 公里。尽管出行需求发生了巨大的变化，但出租车牌照的管理仍停留在十几年前的水平。现行政策对出租车服务的供给约束（如出租车公司垄断、承包费用高、燃油补贴低、车辆总量限制等）是出租车服务有效供给不足的原因，不能满足人们的需求，致使“打车难、打车贵”的问题长期得不到解决。

三、供给数量管制对供给的影响：封闭经济模型

以北京出租车市场为例，我们来分析一下特许经营是如何增加供给成本，降低资源配置效率的。由于北京市交通局控制着出租车的总数量，并禁止非本地车辆进入出租车市场，行政管制使得自由竞争被破坏，并将供给曲线向左移动，如图 5—3。出租车公司的特许经营权（司机每月付款给公司）使得出租车运营成本过高，所以当上限价格 P 低于由供给曲线 S_1 和 D 决定的均衡价格时，无法达到市场均衡，供给缺口为 Q_0-Q_1，最终的状态是供给数量减少和供给价格上升。当供给量下滑至 Q_1，价格上涨至 P_1 时，市场以高价出清。与没有供给约束的情形相比，有效供给会降低，无法满足有效需求。

图 5—3 中的三角形阴影区域代表由于行政管制的存在导致的有效供给和总产出的下降，剩下的阴影部分反映的则是涨价造成的供给者收益增加（或不涨价形成隐形收益）。

对供给数量的管制不仅降低了有效供给，而且隐形收益为黑市交易创造了空间。黑市的供给主要来自无牌私家车和处于停运状态的出租车。图中阴影区域内的平行四边形代表黑市空间。

综上所述，对服务业的行政管制将直接减少有效供给，

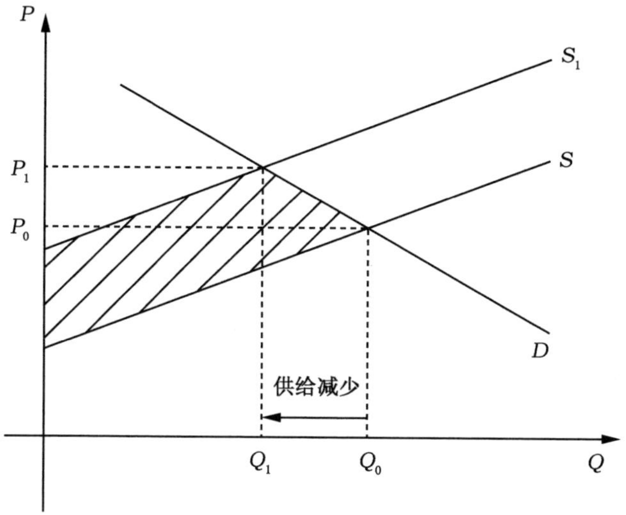

图 5—3　封闭条件下数量管制对有效供给的影响

推高价格，导致整体福利和效率的损失。一部分效率转化为无谓损失，另一部分则成为相关群体榨取的经济租金——这将形成阻碍改革、阻碍供给结构调整的力量。

四、供给数量管制对供给的影响：开放经济模型

假设某一地区的烘焙业不受供给约束，即没有进入壁垒。任何想从事甜品生产和销售的公司都可以在取得营业执照后开张营业。市场中将有一定数量的面包房来满足所有消费者的需要，从而实现市场均衡。

如图 5—4，在某一时刻，政府为了规范行业，决定对烘焙行业实行牌照许可证管理制度——企业进入烘焙市场前必须获得食品行业协会的许可证。在采用许可证制度之前，市场由需求曲线 D 和供给曲线 S 决定，在 B 点（P_1，Q_1）达到市场均衡。实行许可证管理制度后，可以获得许可证的企业数量在短期内会减少，使得供给曲线向左上方移动，导致供给减少，价格上涨。在这种情况下，在开放的经济中，一些客户会选择进口产品，由于目前国内供给已经减少到 Q_3，所以市场将进口 Q_1-Q_3 的数量，从而市场的总容量不变，仍为 Q_1。

当均衡点从 B 点移动到 B' 时，国内生产总值下降 $BB'OO'$，国内厂商受损失。

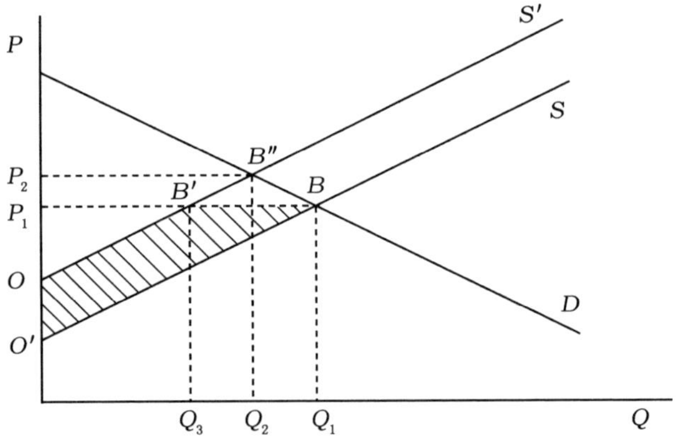

图 5—4　开放经济条件下数量管制对供给的影响

五、我国在 2004 年和 2016 年把供给管制作为宏观政策的影响

受长期以来计划经济思想的影响，我国多次因为宏观调控的需要对特定行业实行生产管制，两次典型的生产管制政策分别发生在 2004 年和 2016 年。

2004 年，国家发展和改革委员会（NDRC）认为钢铁、水泥、电解铝、平板玻璃和房地产行业过热，于是对该行业采取了严格管制，包括生产管制和新的项目审批管制。

2016 年，当国家发改委认为钢铁、煤炭、焦炭、水泥、电解铝等行业产能过剩时，通过季节性生产许可严格管制生产，在环保标准的助推下，通过行政命令关闭了大量工厂。

这些行政管制政策导致了供给下降和相关价格的急剧上涨。例如，由于生产管制政策的实施，产品供给量大幅减少。在 2016 年，中国的钢铁价格上升了 300%，焦炭价格上升了近 400%，而下游相关制造行业的成本则大大上升，对应行业的投资增长率迅速下降，对于中国经济造成了严重打击。

六、价格管制对供给的影响

在中国，教育、电力、通信等行业实行价格上限管制。当存在上限价格管制时，会导致供给数量和质量的下降。

自 2017 年以来，许多城市的房价开始受到调控，这些城市的居民必须抽签决定买房的机会。2018 年，中国国家食品药品监督管理总局决定控制仿制药价格，导致仿制药价格大幅下跌。随着仿制药利润率的下降，预计在接下来的几年里，生产商的利润将会减少。如果仿制药供给出现短缺，价格上限的管制则会面临挑战。

尽管部分管制措施存在一些合理性，但无论是对供给数量的控制还是对价格的控制，都会损害市场在资源配置中的决定性作用，减少有效供给，从而阻碍有效需求的满足。

七、放松管制：修改相关的制度、法律和政策

行政管制一旦对市场构成约束，就会导致供给效率下降，有效供给减少。为了释放供给潜力，监管机构需要废除不合理、不必要的行政管制措施，如不必要的职业资格许可、项目审批、价格管制等，让要素能够自由地流动到供给不足的领域，引导新供给形成和扩张，进而增加有效供给，创造或

满足有效需求。

例如，美国政府于 1996 年颁布《电讯法》，允许并鼓励电信企业、有线电视网络和在线媒体之间的渗透和交叉，极大地提高了市场竞争效率，加快了技术和服务创新的发展，提高了资源利用效率。

在放开行政管制时，如果放松过快，也可能出现“一放就乱”的情况。以中国 P2P 行业[①]为例，经过 30 多年商业银行的垄断，自 2013 年起，P2P 借贷开始发展。在满足中小企业需求的同时，由于突然放松了管制，市场供给暴增，鱼龙混杂，市场也曾经经历了一些混乱的状况，最后不得不进行治理整顿。因此，放松管制的进程最好是渐进式的改革，应以产业实际情况为基础，在全面调查、分析和评价的基础上，逐渐放开。

在放松行政管制的过程中，不可避免会对老化供给产生冲击。一方面，应对老化供给给予适当的引导和指导，防止产生群体反弹；另一方面，要认识到这种冲击是扩大有效供给、创造新需求的必需代价。以出租车牌照管制为例，放松这个领域的准入限制，一定会使原有专营权出租车公司的利益受损，但是总体上这个改革是有利的。

---

① P2P(peer-to-peer lending)是指不同的网络节点之间的小额借贷交易(一般指个人)，需要借助电子商务专业网络平台帮助借贷双方确立借贷关系并完成相关交易手续。借款者可自行发布借款信息，包括金额、利息、还款方式和时间，自行决定借出金额实现自助式借款。

在放松管制的实践探索方面，中国国务院总理李克强提出了“简政放权、放管结合、优化服务”的总体改革思路和基本原则。之后，中国在放松管制发面，改革步伐不断加快。

八、放松管制：让新的供给打破旧的行政管制

解决行政管制问题的根本出路在于消除行政管制本身，使供给曲线与需求曲线相交于新的均衡点，充分释放供给潜力。

然而，在某些特殊情况下，新的供给可能会打破原有的行政管制。例如，优步和滴滴出行等网约车，打破了中国交通行业的行政管制对供给数量的限制。

在中国，滴滴出行除了将一度非法的供给实现了合法化，还充分利用互联网和 App，建立了一个能够最大化满足供需双方福利的定价体系。互联网打车服务的快速发展，释放了大量有效的出租车供给，改变了市场格局，与放松管制的效果是一样的。

在很多情形下，新供给打破旧行政管制的先决条件在于政府的宽容、支持或鼓励。例如，在网约车服务作为一种新的服务业态在形成的初期，中国相关部门并没有采取太多的干预措施来遏制其发展。即使面对传统出租车行业的强大压力，中国政府也没有迫于传统出租车司机的诉求对网约车

服务司机进行过多的干预。

与禁止网约车的日本相比，中国的网约车行业发展得更快，这显然得益于政府对新供给的态度更加宽容和支持。然而，与中国台湾相比，为什么大陆互联网出租车行业发展得更快？这是因为过去很长一段时间的行政管制造成了中国大陆严重的供给短缺，压抑了巨大的市场潜力；而在中国台湾，出租车牌照几乎没有限制，供给也不短缺，互联网打车的市场空间自然非常小——在供给约束最严重的地区和行业，放松供给约束所释放的经济增长潜力也最大。

第四节 减税:供给曲线弹性与减税效应

合理的税率对于维持政府运行、确保国家安全稳定、提供基本的基础设施等,都是十分必要的。然而,如果税收过高,则会减少有效供给,影响经济增长。减税,能够增加有效供给。至于减税的效果,则受到不同行业的供给弹性的影响。

一、过度征税会造成总产出的显著下降

税收的增加会降低企业的盈利能力进而减少有效供给。如果税收高到一个临界点,厂商的利润降低到零。此时如果税收继续上涨,厂商将会停止生产,有效供给就会迅速降低到零。

如图 5—5,如果税率(t)小于临界税率(t_0),即在临界税率(t_0)左侧时,随着税率(t)的增加,有效供给(Q_s)会降低;当税率(t)达到或超过临界税率(t_0),有效供给会变为零。在开放条件下,制造商将选择转移到低税率的国家或地区。

在某个特殊时期,如果税率不上升,而劳动力、土地、资

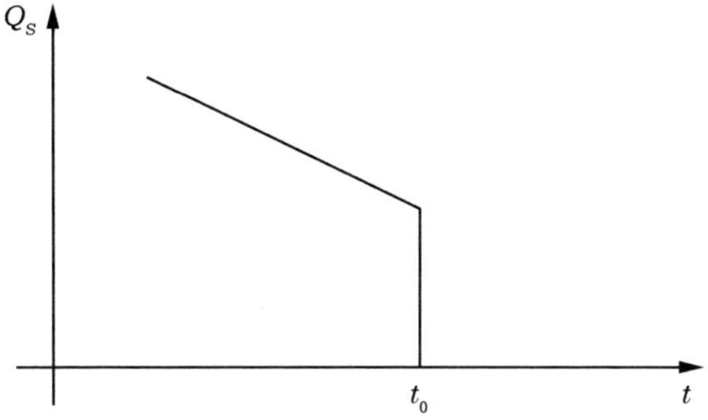

图 5—5 税收成本的供给约束曲线

本、技术成本或制度性交易成本迅速上升,临界税率(t_0)将变得越来越小,即向左移动。当临界税率(t_0)左移变得小于实际税率(t)时,有效供应量也会下降到零。

二、减税效应:供给曲线弹性越大,减税的效果越明显

减税对有效供给的影响受供给弹性的影响。供给弹性越大,价格变化对供应量的影响就越大。如图 5—6,在 S_1 和 S_2 的供给曲线之间,S_1 的供给弹性大于 S_2 的供给弹性。因此,在相同的减税力度下,S_1 的供应量将上升 Q_2-Q_0,而 S_2 的供应量将上升 Q_1-Q_0:

$$(Q_2-Q_0)>(Q_1-Q_0)$$

这表明对于某个行业或整体经济来说,较小的供给弹性意味着减税的影响较小;更大的供应弹性意味着减税可产生

更大的供给增长。

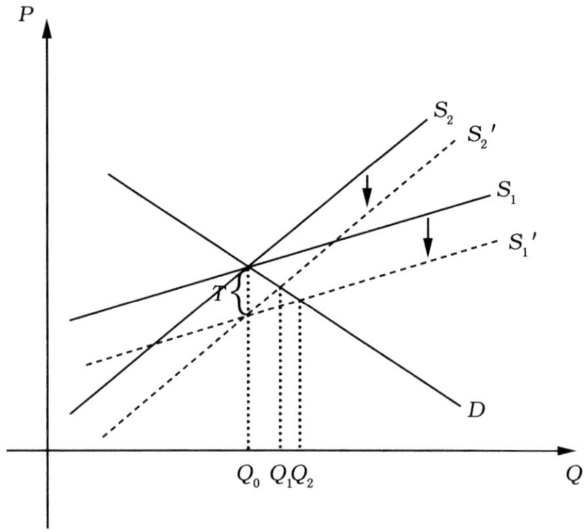

图 5—6　不同税收弹性下的减税影响

此外，对于减税导致同样的供给增加而言，由于供给老化的需求创造能力较低，减税对整体经济总产出的影响较小；但对于正在扩张的新供给，由于它具有强大的需求创造能力，合理的减税可以创造更多的需求，从而更大程度地推动经济增长。

三、中国的高税收约束

过度征税肯定会降低有效供给，这是对生产最重要的供给约束之一。中国改革开放后的宏观税负水平从40%逐渐下降，到1995年逐渐下降到最低点，之后又稳步上升。

从2013—2015年，中国经济增长率继续下降，从2013年的7.7%下降到6.9%；财政收入增长率相应下降，但财政收入占GDP的比重并未缩小。2013年，政府总收入为20.87万亿元，占GDP的36.7%；2014年，这一数字为23.67万亿元，占GDP的37.2%；2015年，它上升到25.15万亿元，占GDP的37.2%。在全球范围内，26个发展中国家宏观层面的平均税负远低于中国的水平，其政府总收入仅占其GDP的26.4%。

根据西南财经大学中国家庭金融调查中心发布的小企业税收政策研究报告，随着商业环境的恶化和市场竞争的加剧，亏损小企业的比例从2013年的6.2%增长到2015年第二季度的26.2%。同期营利性小企业比例则从78.2%下降至49.0%。中国政府有必要为小企业提供更多的减税优惠。

大型企业也承受着沉重的税收负担。以石化行业为例，2015年，全行业主营业务收入为12.74万亿元，下降了6.1%；利润总额6 265.2亿元，下降了18.3%。然而，该行业的税收为1.03万亿元，同比增长3.7%。钢铁行业的情况也类似，根据河北省冶金工业协会的报告，各种各样的税收是企业成本上升的主要原因。例如，2015年，河北省一家钢铁企业尽管亏损严重，却缴纳税金6.9亿元，其中增值税4.4亿元，其余为其他类税。

四、中国的减税行动

自2010年以来，随着中国经济面临更大的下行压力，高税收已成为沉重的负担。与此同时，劳动力、土地、资本、技术等成本也迅速上升。随着临界税率（t_0）变得越来越小，许多公司关闭，一些民营企业为了较低的税率，甚至选择将工厂转移到其他国家，包括美国。

为减轻企业负担，中国自2011年起实施了一系列减税措施。例如，根据2011年1月1日发布的《关于支持和促进就业的税收政策通知》，为支持创业企业采取了一系列优惠税收政策。同年，经国务院批准，财政部和国家税务总局联合发布了增值税取代营业税的试点计划。2016年5月1日，增值税扩展到所有行业——通过这项改革，政府试图避免重复征税并实现结构性减税。

在增值税取代营业税后，部分税收可以通过企业购买的产品和服务成本中包含的进项税款抵销。但是，由于不同的企业在购买产品和服务的收入和成本之间存在不同的比例，因此，它们享受减税的程度不同。对于邮政等行业，的确有实现结构性减税效果；但对于金融和电信行业等行业而言，因为它们很难获得进项税发票，整体税收实际上不减反增。

自 2016 年以来，中国加大了减税力度。2016 年，中央政府计划的财政赤字为 2.18 万亿元，比 2015 年增加 5 600 亿元，增加部分主要用来减税降费。然而，实际上 2016 年中国企业的税收并未显著下降。

2017 年底，美国总统特朗普签署了 1.5 万亿美元税收改革法律。这是自 20 世纪 80 年代以来规模最大的一次减税，将企业所得税率从 35%降至 21%。从之后两年的效果看，减税极大地刺激了美国经济的增长。

2018 年中国经济受到去产能、去杠杆等多种冲击，同时中国股市受到中美贸易战的影响持续下跌，民营企业投资大幅下滑。因此，从 2018 年下半年开始讨论的大规模减税方案，终于在 2019 年初宣布实施——中国政府最终决定实施总计减税目标高达 2 万亿元，包括大幅降低个人所得税，企业增值税税率降低，及其他减税措施。

五、中国的减税效应

减税总会对经济产生积极影响。但考虑到不同的时间或不同的供应结构，效果会有所不同。在经济衰退的早期阶段，其影响将比后期更为积极。例如，2015 年，中国的税收为 12.5 万亿元，占 GDP 的 18.22%，工业企业的利润总额为 6.35 万亿元。如果税收减少 10%，即 1.25 万亿元，中国企业的利润将显著改善，并将使企业更愿意增加投资，这自然有助于释放供应潜力并创造有效需求。

然而，由于整体大规模减税行动延迟到 2019 年才实施，彼时许多中国中小企业已经关闭，再实施减税的效果可能就未必如几年前来得立竿见影了。

当一个经济体的大多数行业遭受供给老化和经济缺乏活力时，适当的减税可能有助于形成新供给和振兴经济。例如，自 2010 年至今，中国经济一直在经历结构调整——许多行业供给过剩，而一些新供应正在形成和扩张，但总的供给结构依然没有转变，供给创造需求的能力还有待提升——在这样的关键阶段，减税政策不仅从总量上有利于经济增长，从结构上还可以激发企业的活力，加快供给结构的升级。

第五节　打破行政垄断的供给效应：不同国家的行业实践和微观机制

行政垄断在转型经济中广泛存在。其中,有些垄断是计划经济的遗留,有些则是最初设立的为国家利益服务的垄断国有企业,还有些垄断则是地方保护主义的结果。对于那些事关公共安全的战略产业,也许某种程度的国家控制是合理和必要的。但是,对于那些应该把效率放在第一位的普通行业,则应该打破行政垄断,引入市场竞争机制。打破行政垄断有助于增加有效供给,降低供给成本,提高供给效率。

一、破除垄断:美国经验

1980年以前,美国政府曾经对很多特定行业进行管制,主要是排斥竞争的市场禁入,实际上造成了行政垄断,很多行业的有效供给受到约束,供给质量降低,进而有效需求下降。

为刺激有效供给,美国政府在20世纪80年代初开展了一系列打破行政垄断的改革。打破垄断的改革先从航空业开始，后来扩展到电信、电力和交通等行业。市场准入禁令被废除了——每个人都可获得市场准入，不需要行政审批。最终，竞争机制被成功引入那些垄断行业，从而大大提升了技术水平。例如，美国的电信行业从改革之前的 AT&T 一统天下，发展到十几家厂商，竞争不仅使电信技术进步加快，电信服务质量提升，电信价格也随之大幅下降。

二、破除垄断：英国铁路行业的经验

铁路行业作为资本密集型行业，需要大量的前期投资，因此，仅仅放松管制并不能吸引太多的新来者。打破垄断的一个更好的办法是拆分现有的企业。

在 1996 年的改革中，英国铁路行业引入竞争，实行民营化。英国国有铁路公司被拆分为 100 家左右的小公司：1 家路网公司、25 家客运公司、6 家货运公司、3 家机车租赁公司、7 家基础设施维修公司、6 家轨道更新改造公司、6 家车辆维修公司和一些服务公司。通过不断的竞争和兼并收购，形成了 7 大客运公司并行的铁路运输竞争市场格局。

在产业扩张和竞争的过程中，这 7 家公司创造了大量的就业岗位，行业服务供给的质量和效率得到了极大的提高。由于激烈的竞争，消费者可以经常享受票价折扣。以伦敦到纽卡斯尔的铁路票价为例，如果提前 2～3 天预订，折扣最高可达60％。

三、打破行政垄断：中国转型的成功经验

在20世纪90年代以来的经济改革与转型过程中，中国的行政垄断已经大大减少了。

以电力行业为例，国家电力公司成立于1997年1月，主要经营发电、输电、入网等业务。政府的相关行政职能向综合经济部门转移，标志着政企分开的重要一步。2002年4月，国务院发布了《电力体制改革方案》，这是又一个突破。根据这项计划，电网与发电厂是分开的，发电厂必须竞争向电网出售电力。国家电力公司分为五个发电集团（中国华能集团、国家电力投资公司、中国大唐集团、中国华电集团公司和中国龙源电力集团公司），两家电网公司（国家电网和中国南方电网），和四个电力辅助企业（中国可再生能源工程研究所、电力规划和工程学院，中国水电建设集团和中国葛洲坝集团公司）。此外，还有华能电力、国投电力、长江电力等发电企业。至此，虽然输电行业仍由国家电网和南方电网公司双寡头垄断主导，但发电行业已形成多元化投资和竞争格局。从那时起，发电量的增长率显著提高。

另一个例子是邮政和快递行业。根据1990年颁布的《邮政法》，邮政企业可以提供快递服务，取消了快递业务的

申请限制。从那时起，中国的快递业发展迅速。据国家邮政局统计，2013 年中国快递行业的业务量为 90 亿笔，是 1987 年（153 万笔）的 6 000 倍，年均增长 40%。目前，中国注册的快递公司 1 万多家，其中规模以上快递公司 20 多家。显然，邮政行业垄断的打破对快递业的快速发展作出了巨大的贡献。

四、进一步解除行政垄断的理性探讨

中国大部分在 20 世纪 90 年代取消行政垄断的行业都实现了快速增长。但在能源、电信、铁路等行业，许多大型国有企业仍然具有较大的行政垄断权力。这些领域是否应该进一步改革是一个值得讨论的问题。

例如，由中国铁路总公司垄断的铁路行业发展如此之快，几乎处于世界领先地位。似乎中国铁路的垄断可以加快投资和增长，也可以在政府价格控制下很好地为公共福利服务。在这种情况下，还应该取消垄断吗？

然而，少数垄断中国石油行业的大型国有企业，价格受到政府的“指导”，却不一定提供高质量的有效供给。在中国，这种垄断往往成为涨价的动力，并阻碍降价。因此，中国的汽油价格通常高于其他国家。

近年来，中国政府正试图鼓励更多的社会资本参与许多领域的公共投资,或引入私人资本让他们成为老国有企业股东,以期提高现有垄断企业的供给效率。但是,如果垄断企业规模过大,而民营企业规模过小,就有必要对这些巨头进行拆分,以鼓励竞争。也许将一家行政垄断公司拆分为若干互为竞争对手的公司是增强经济活力的有效手段。

Chapter Six

第六章

解除要素供给约束 再造新要素红利

按照新供给经济学增长模型，劳动、土地、资本是经济增长的要素。虽然中国经济的奇迹直接由改革开放点燃，但这40年来的快速经济增长也是在丰富的要素禀赋，以及不断放松要素供给约束的基础上取得的。近几年来，随着中国劳动力和土地的价格持续上涨，资本供给也面临着“融资难、融资贵”的现象，老的要素红利已经渐行渐远，为了获得新的要素红利，中国必须采取进一步的改革措施，消除要素供给约束。

第一节　解除要素供给约束的影响与新增长红利

旧要素红利越来越少，必须通过改革发掘新的要素红利——通过消除对生产要素供给的约束，可以产生多少新红利？让我们以劳动力供给为例做个分析。

一、旧要素红利与中国经济增长

第一个要素红利是人口红利。第二次世界大战后的高生育率为中国创造了大量的年轻人口。1978 年以前，大量的劳动力被限制在农村，不能自由进城务工。20 世纪 80 年代以来，劳动供给约束逐渐解除，劳动力被允许从农村转移到城市。这在过去的 40 年里提供了丰富的劳动力供给——长期的劳动力供给过剩，导致中国的工资长期保持在较低水平，这曾经是中国制造业和服务业最重要的优势之一。

第二个要素红利是中国丰富而廉价的资本供给。与西方国家不同，中国人传统上喜欢存钱，即使利率很低。自 20 世纪 80 年代以来，随着中国商业银行体系开始形成，这些个人储蓄资金通过商业银行体系被转换成企业的资本。劳动与资本的关系及其相互作用既重要又复杂。例如,如果资本从非常低的水平增长,而劳动力供应充足,新增加的资本将产出更多。这正是中国开始建立商业银行体系时所发生的事情。

第三个要素红利是城镇化进程中的土地红利,也对中国经济的快速增长起到了非常重要的作用。按照 2008 年中国某经济研究机构的测算,如果一块土地由农业用地转为工业用地、商业用地或房地产用地,其平均产量将增加 11 倍。想想过去 40 年有多少土地从农业用地转移到其他用途,这就是中国的土地红利。

但近年来,由于各种各样的供给约束,上述三种要素红利均呈下降趋势。过去的计划生育政策、教育歧视、移民限制或就业限制严重损害了劳动力红利;资本红利被金融供给约束导致的高贷款成本所替代;由于土地和房屋价格的持续上涨,土地红利也正在消失。

二、新红利:解除要素供给数量约束的影响

如果没有劳动供给约束,产出应该有所不同。当劳动力供给数量受到约束时,从图 6—1 中的 Q_* 降至 Q_1,产量也随之从 Y_* 降至 Y_1。

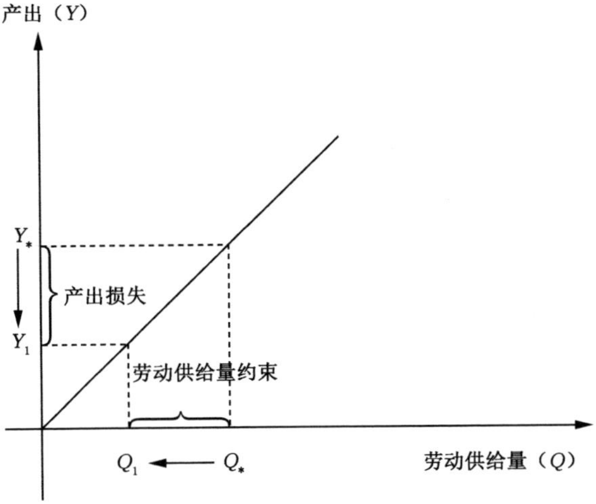

图 6—1　劳动数量供给约束造成的产出损失

如图 6—1,以劳动力供给为例,当劳动力供给数量不受约束时,企业对劳动力的需求为 Q_*,对应的产出为 Y_*;当劳动力供给数量受到约束时,劳动力供给低于企业的最优需求,所雇佣的劳动力数量沿生产函数从 Q_* 向左移动到 Q_1。这里(Q_*-Q_1)表示由于供给约束导致的劳动力供给损失。随着劳动力投入的减少,产量也会从 Y_* 向下移动到 Y_1,(Y_*-Y_1)是由于供给约束导致的产量损失。

如果采取改革措施,解除供给约束,如通过放松计划生育政策让生育率恢复到自然水平,劳动力的供给会从 Q_1 增加到 Q_*,如图 6—2,那么,产出将从 Y_1 增加到 Y_*。

如果我们在上面的图中用资本或者土地来代替劳动力,

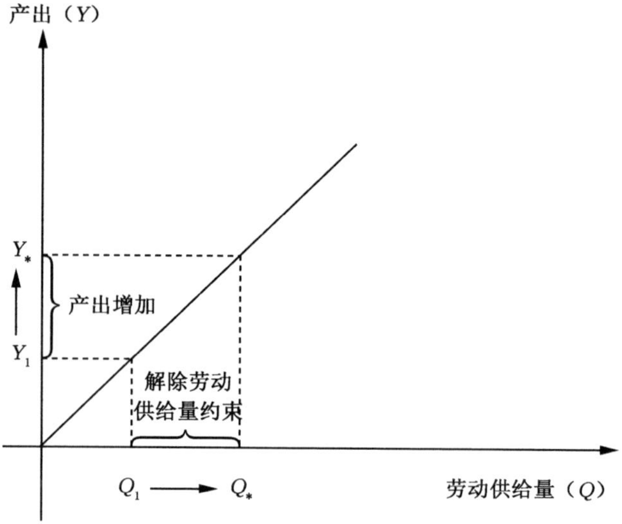

图6—2 解除劳动供给约束的影响

我们会发现同样的效果。消除对资本或土地的供给数量限制也将增加产出，并导致经济增长。

三、新红利：解除要素成本约束的影响

劳动力供给成本约束，是指因就业制度的问题或人口流动政策等问题，造成劳动力成本向下调整时缺乏弹性。

如图6—3，当没有约束时，劳动力供给成本为 C_*，对应的产出为 Y_*；当存在约束时，成本会从 C_* 上升到 C_1，产出会从 Y_* 下降到 Y_3，(Y_*-Y_3) 表示由于劳动力供给约束、成

本上升导致的产出损失。

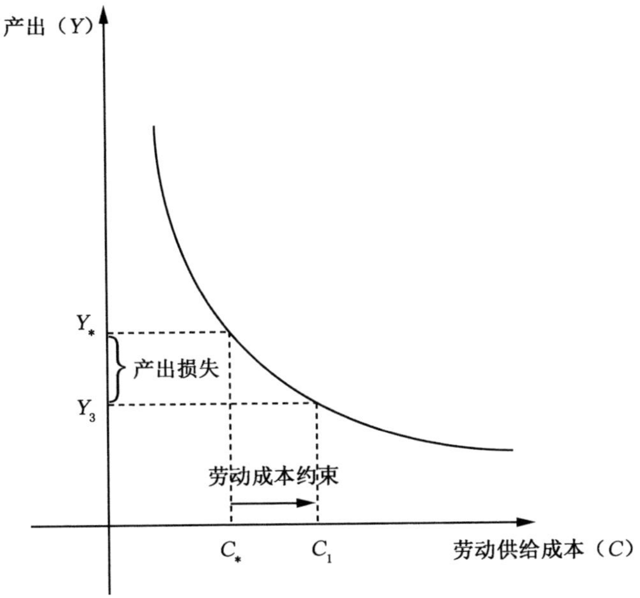

图 6—3 劳动力成本供给约束造成的产出损失

如果采取相应的改革措施，让劳动者可以不受到户籍制度、人事档案系统的影响，让人才自由流动，按照市场化的机制获得劳动报酬，与此同时，个人所得税和社会福利系统更加完善，这样劳动力供给的成本不会大幅上升，经济就会获得新的增长潜力。

如图 6—4，随着劳动力成本变化从 C_1 到 C_*，产出将从 Y_3 向上移动到 Y_*，这意味着消除劳动力供给成本的约束有助于刺激企业对劳动力的使用，增加要素投入因素，从而提高产量。

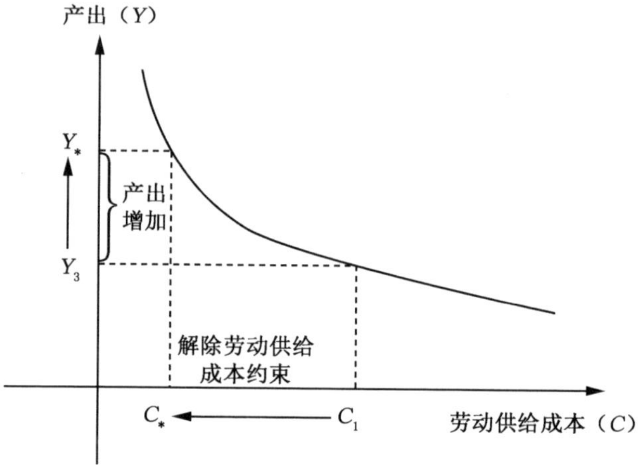

图 6—4 解除劳动力供给成本约束的影响

当然，如果上述模型中的劳动，换成其他生产要素，如资本、土地，效果是一样的。对资本或土地供给的约束提高了它们的成本，取消供给约束也会增加产出，并导致经济增长率提高。

总之，解除劳动力、资本和土地等要素供给约束的改革措施，可能带来新的增长红利。然而，在实践中，如何进一步解除劳动、土地和资本的供给约束呢？

第二节　如何解除劳动供给约束，形成多元新人口红利

造成劳动力供给的政策和制度有很多，包括生育政策、劳动力流动政策、教育制度、劳动立法、社会保障制度等，消除这些供给约束可能带来新的增长红利。

一、渐行渐远的人口红利

劳动力是财富的源泉，是经济增长的要素。在资源丰富、技术先进的国家，人口作为财富源泉的价值得到了全社会的广泛认同和重视；但在资源匮乏的国家，人口往往被视为一种负担。只有在特定的历史阶段，即资源有限、技术停滞的“人口陷阱”阶段，控制人口生育的理论才能产生一定的积极影响。为了跳出“人口陷阱”，中国政府在 20 世纪 70 年代末采取了“计划生育”政策（一个家庭只能生育一个孩子），大幅降低了生育率水平，改变了劳动与资本、资源的关系，促进了经济的快速增长。

作为世界上人口最多的国家，在经历了 30 多年“一个家

庭只能生育一个孩子"的人口控制政策之后，中国一些区域性劳动力短缺开始出现：劳动力规模从2012年9.37亿减少到2015年的9.11亿[①]，连续4年劳动人口呈绝对数量下降之势。根据国家统计局的数据，2001年第一季度，职位空缺与求职者的比例约为0.65，而2015年第四季度，这一比例为1.1。这表明中国劳动力市场的供需关系已发生逆转。

部分由于劳动力供给状况的变化，中国经济增速自2010年以来一直在放缓。据OECD预测，到2030年，中国65岁以上人口比例将超过日本，成为世界上年龄最大的国家。如果不能避免人口老龄化，就意味着人口红利的丧失和经济增长的放缓。

1950年，65岁以上人口仅占日本总人口的5%，那时候的日本经济充满活力。1950—1990年，劳动年龄人口占日本总人口的60%以上，日本经济快速增长。然而，到1994年，65岁以上人口比例超过14%，日本经济陷入长期衰退[②]。因此，如果一个国家面临低生育率导致的人口老龄化，劳动力供给将会减少，经济增长率将受到影响。

如何才能避免像日本那样步入人口老龄化而失去人口红利呢？正是在这样的背景下，2013年11月，中国出台了一

---

① 《劳动人口连续四年下降，十年后的经济支撑在哪？》，《21世纪经济报道》2016年2月28日。

② 滕泰：《民富论——新供给主义百年强国路》，东方出版社2013年版，第123页。

项新政策，允许一对夫妇生育两个孩子，只要父母其中一方是独生子女。两年后，全面二孩政策正式生效。尽管计划生育政策发生了变化，但中国不可能在短期内恢复过去的人口红利。中国必须消除更多的劳动力供给限制，以发展“新人口红利”。

二、新人口红利：技术工人和工程师红利

除了生育水平，教育和培训也影响着有效的劳动力供给。根据中国人力资源市场信息监测中心发布的数据，2016年第一季度，中国技术专业岗位空缺与求职者的比例大于1。其中，高级工程师、高级技术人员和技术人员的比例（技术专业岗位空缺与求职者的比例分别为2.19、2.11和1.94）较大。劳动力市场对专业技术人才的需求大于实际供给。与此同时，拥有学士或更高学位的毕业生供过于求。

多年来，中国政府在高等学校教育支出中所占的比重过大，而职业教育支出所占的比重却不能满足要求。结果，它造成了劳动力市场的结构性失衡。例如，公务员考试竞争激烈，白领供过于求，同时，也存在“蓝领短缺”和“工人短缺”。

在中国的农村地区，大量的初中毕业生干脆放弃学业，进入劳动力市场，因为他们认为接受正规的高中教育或中等职业教育是不经济的。中华全国总工会发布的一份针对新

一代的农民工(20 世纪 80 年代后出生)的调查表明,参与调查的 4 268 人当中,有 351 人在参加工作之前只有小学学历,2 072 人有初中学历,只有 1 845 人有高中学历。有 4 个变量对新生代农民工的收入有显著影响,它们分别是培训经验、技术水平、证书、工作时间,而工作前的学历则对收入影响不大。这也说明,那些不以"考大学"为目标的职业培训,也许比普通的职业教育更值得重视。

因此,中国政府正在学习德国的做法,更重视职业教育,特别是高级技术人员的专业培训。这可能为中国经济增长提供工程师和技术员的人口红利。

三、新人口红利:改革就业制度,降低劳动成本

以 2007 年通过的《劳动合同法》为例,这是保护中国工人权利和改善中国工人工作条件的重大进展。与此同时,该法也增加了雇用和解雇工人的成本。例如,规定用人单位不得解除劳动合同,除非劳动者严重违反劳动合同的规章制度,严重失职渎职,造成重大损害。如果雇员因为一个普通的错误而被解雇,雇主应该给他经济上的补偿。在用人期限上规定,连续签订两份固定期限劳动合同后,需要续签的,用人单位应当提供无期限劳动合同。自 2007 年《劳动合同法》颁布以来,职工的平均工资一直在较快增长。由于刚性劳动

力成本难以适应企业盈利下滑的现实，数以百万计的中小企业还是选择了关闭。因此，有必要对《劳动合同法》进行一些修订，如放弃强制加薪，给予雇主和雇员自由选择的权利。

除劳动法律环境外，个人所得税、社会保障费、住房公积金制度等都对劳动力成本产生影响。为了控制劳动力成本，中国政府已经降低了个人所得税，停止增加企业的社保费用。

值得一提的是，诞生于20世纪90年代末期的住房公积金制度，也有取消的必要：20世纪90年代末，为了配合房地产改革，要求每月从职工工资中强制性拿出一定比例作为住房公积金专户管理，同时，企业也必须强制性拿出等量的资金存入职工的个人公积金账户专户管理，待购房时使用或购房后取出。在十几年前住房价格较低的时候，这一制度有力地支持了居民购房。伴随着房价持续上涨，对大中城市的居民而言，上述住房公积金存款相对于房价而言已经是杯水车薪。同时，每月缴纳住房公积金，而对职工而言则加少了当期收入，对企业而言增加了成本支出，对整个国家而言造成目前有超过5万亿元的资金闲置在住房公积金账户上。

此外，中国企业还要缴纳残疾人保障金等各种与劳动用工相关的费用。

如果能够及时修改劳动法，进一步降低个人所得税率，降低企业的社会保障费，取消住房公积金、残疾人保障金，中国企业的劳动用工成本还有较大的下降空间。

四、新人口红利：解除户籍制度的影响

在过去的40年，劳动力流动限制的逐步解除，对中国的经济增长起到了巨大的推动作用，进一步消除这些限制的改革也在加速进行。由于户籍制度导致的农村劳动力向城市转移仍然面临着教育、社会保障、医疗、就业等方面的差别待遇，中国需要对户籍制度进行更深层次的改革。

户籍制度改革的关键是让劳动者无论在哪里工作都能获得公共服务。例如，在农村购买的养老保险和医疗保险应该与城市的社会保障体系相联系，达到一定年限的社会保障参保年限或者居住年限后，农民工应当能够享受教育、养老等基本公共服务。家庭主要劳动力符合落户条件后，其配偶、子女也应具备落户条件。

从长远来看，中国应该彻底废除户籍制度，进一步释放人口红利，降低劳动力成本。只要户籍制度存在，就会存在与此相关的就业歧视，从而制约劳动力供给。例如，中国一些城市发布了“网约车服务细则”，要求司机必须是本地居民，汽车必须是本地牌照。因此，大量的外地司机和外地牌照的汽车无法参与到服务中来，降低了这些城市的出租车服务供给。

近年来，中国许多城市放宽了户籍限制，鼓励拥有本科学历的人才自由入籍。2019 年，中国政府开始取消对人口数少于 500 万的城市落户限制。这也会带来新的人口红利。

五、新人口红利：更好的软环境与新移民红利

对许多发展中国家来说，由于发达国家移民法的限制，它们的剩余劳动人口（主要是农民和蓝领工人）无法出口，而它们宝贵的高科技人才和富人则是向发达国家移民的主要力量。就这样，发达国家享受到了大量的“移民红利”。在美国，移民申请的专利占所有专利申请的 1/3。① 到 2015 年，移民占发达国家人口的 10％以上。这一比例在美国为 14.3％，加拿大为 20.7％，英国为 12.4％，德国为 11.9％，澳大利亚为 27.7％，新加坡为 42.9％。相比之下，来自国外的人才在中国的比例仅为 0.06％，远低于发达国家 10.8％的平均水平。事实上，它也低于 3.2％的世界平均水平，甚至低于发展中国家 1.6％和最不发达国家 1.2％的平均水平。② 造成这一比例较低，固然与中国 14 亿人口基数有很大关系，但是即便是考虑大城市，中国吸收的海外精英移民也占比很低。

---

① 王辉耀：《2015 中国国际移民报告》，社会科学文献出版社 2015 年版，第 53 页。

② 王辉耀：《2015 中国国际移民报告》，社会科学文献出版社 2015 年版，第 53 页。

对于中国来说，解除对劳动力流动的限制，不仅意味着在国内废除户籍制度，也意味着在全球范围内创造移民红利。例如，科研人才的跨境流动一方面可以促进知识的传播和科研的创新；另一方面，它可以大大提高全要素生产率。

目前，中国海外华人约 6 000 万人，是世界上最大的移民群体。2001—2011 年，在加拿大的中国移民人数增长了 63.9%。大量富人和他们的家庭通过海外投资、海外置业、海外生子、留学等渠道，继续携带资本离开中国。

完善移民政策的前提是消除劳动力和人才跨国流动的约束。不过，为移民营造更好的“软环境”，对于吸引高素质人才，进一步提高劳动效率具有重要意义。除了家庭原因，精英阶层拥有巨额财富从一个国家迁移到另一个国家的根本原因是两个国家在软环境上的巨大差距。

流出地区往往是这样一些国家：相关的管控制度约束了一些经济活动，法治程度相对较低，腐败现象时有发生，生活成本高，环境污染严重。相比之下，人口流入国家政治色彩较低，法治程度较高，经济管制较松，文化环境简单，自然环境较好。因此，应尽快制定有吸引力的移民政策，并营造吸引移民的“软环境”。

总之，为了减少持续向国外移民对本国长期经济竞争力的负面影响，像中国这样的发展中国家应加快改善居住环境、创业和就业的条件，包括加快民主和法治建设，改善政府服务，为商业和就业创造一个公平的环境，改善城市生活环境，提高教育和医疗保健的质量。只有这样，才能留住人才和财富，甚至在未来吸引越来越多来自其他国家的资本和技术移民。

第三节 如何解除资本供给约束，提高低成本的资金可得性

由于中国的储蓄和外汇储备规模最大，资本成本原本应该比较低。然而，由于资本供给约束，不但中国中小企业的资金可得性很低，而且中国企业的实际融资成本也远高于发达国家，这大大降低了中国潜在的经济增长率。如果中国能够消除对资本供给的约束，经济将获得新的增长红利。

一、为什么在中国储蓄率高的情况下，资金可得性低而融资成本高

人们储蓄的决定受到利率和消费者预期的影响。在西方国家，一般家庭储蓄更少，消费更多。当利率上升时，人们更愿意储蓄，这将增加资本供给。然而，在中国，人们传统上喜欢为老年生活而储蓄，甚至为下一代而储蓄。在这种情况下，中国的储蓄活动受利率的影响较小，有时甚至对利率变化的反应与西方国家相反。例如，如果年利率为 3%，当一个中国工人为养老而储蓄了 100 万元，他有望每年能获得 3 万

元的利息收入，这让他感到未来是安全的；如果此时年利率降低到 2%，他还需要再存 50 万元，才可以保证每年 3 万元的利息收入。因此，当利率下降时，人们反而更愿意储蓄——这种反应与西方模式完全相反。

到 2018 年，美国个人储蓄总额折合人民币超过 80 万亿元，而中国的这一数字为 68.7 万亿元。美国的人均个人储蓄是中国的 5 倍，而美国的人均 GDP 是中国的 6.2 倍。与美国相比，中国的储蓄率优势并不明显，但边际储蓄倾向略高。然而，中国中小企业的融资难程度远高于美国，融资成本也要高得多，为什么？

首先，尽管中国的商业银行可以通过高储蓄率吸引大量存款，但它们创造信贷的能力受到法定存款准备金率的严格限制。发达国家的法定存款准备金率非常低，而中国的法定存款准备金率却非常高。虽然已经从 2012 年的 20%以上下降到 2019 年的 14%以下，但这种信贷供给的限制已经完全剥夺了中国储蓄率略高的优势。

其次，中国的商业银行大多由国家所有，它们对那些具有隐形政府信用担保的国有企业信贷是积极的，而对私营企业的贷款则相对保守。通常，大型国有企业的贷款利率取决于基准利率，降低利率可以降低它们的融资成本。然而，对于中小企业来说，贷款利率是由银行吸收存款的成本和自身的风险溢价决定的。如果存款成本保持不变，风险溢价取决于企业的性质，降息也不会显著改变风险溢价。比如，2013年6月“钱荒”后，国务院多次要求降低融资成本，央行多次下调存款准备金率和利率。然而，据统计，尽管SHIBOR等银行间的短期利率降低很快，但温州民间融资利率却没有什么变化。

最后，产业政策对中国整体融资成本产生了严重影响，比较典型的是房地产调控政策。多年来，中国政府希望通过金融手段控制房价上涨，而不是增加有效的土地和房屋供给。一方面，强制提高住房抵押贷款利率；另一方面，他们严格控制银行贷款给房地产开发商。因此，大多数房地产开发商不得不求助于利率较高的其他替代融资渠道。即使在2019年，许多房地产开发商的贷款年利率也超过了15%。这当然会抬高整个市场的实际利率水平。

简言之，资本供给量受储蓄率、法定存款准备金率、金融体系和金融政策的影响。在金融市场存在缺陷的情况下，即使有充足的存款，像中国这样的国家也可能面临着较低的资本可得性或较高的融资成本。因此，如何在企业和储户之间架起更好的桥梁，是中国金融体系应该着手解决的问题，也是中国提出深化金融供给侧结构性改革的根本原因。

二、新红利:放松金融供给约束,提高资本可得性

在没有金融供给约束的情况下,储蓄可以在金融机构和市场的帮助下,有效甚至高效率地转化为企业的资本。如果有各种资本供给约束,就像前面讨论的,要素供给的短缺会影响总产出,放松或解除供给约束将带来新的增长红利。

对中国而言,有必要将法定存款准备金率降至合理水平,让商业银行根据市场原则来决定是否需要更多的超额存款准备金。其实多年前,中国的商业银行还有一个供给约束的"紧箍咒",叫"贷存比",也就是说商业银行发放的贷款不能超过其吸收存款的一定比例。后来,中国的金融监管部门取消了这种严重限制了商业银行的信贷能力供给约束指标,也并没有带来风险。如今的存款准备金制度也一样,大幅降低法定存款准备金,未必会带来信贷的失控,因为每家商业银行都有信贷的微观风险控制指标。

为了打破国有银行的垄断地位,还应向混合所有制企业发放更多的商业银行牌照,以满足民营企业特别是中小企业的要求。

除了改革商业银行,政府还需要对现有的金融渠道进行改革,通过多层次的资本市场促进融资,为中小企业营造良好的金融环境。要更加繁荣发展股票市场、债券市场,鼓励

各种新金融科技的发展。

三、新红利:解除金融供给约束,降低融资成本

如第一节所分析,要素供给成本的约束会带来产出损失。例如,从 2010 年 10 月到 2011 年 7 月,为了应对物价上涨,中国央行多次加息。在此期间,金融产品收益率从 2.5%增长到 2011 年底的 5.3%,企业实际融资成本增长更快。2011 年中国商业银行净利润达到 1.04 万亿元,同比增长 36.3%;相比之下,GDP 增速则从 2010 年上半年的 10.8%下降至 2011 年底的 8.8%。

然而,即便在货币宽松阶段,垄断市场的金融机构利润也不易发生变化,中小企业融资成本难以快速下降。2014 年 11 月,中国央行下调人民币贷款利率,一年期贷款利率下调 0.4 个百分点,至 5.6%,但中小企业实际利率没有明显变化。

在融资成本易升难降的背后,是中国的垄断金融机构和过度监管的金融体系。为了有效降低资本供给的成本,政府必须深化金融体制改革,在商业银行领域打破垄断,放松管制,破除垄断金融机构的利润刚性,并废除妨碍资本流动的控制措施,确保融资成本降低。

除此之外,根据 M2 与 GDP 之间的差额等简单指标来判

断货币供应量是否处于合理水平也是错误的。从 1996—2018 年，中国的 M2 增速平均是 GDP 增速的 1.82 倍；在中国经济增长的正常年份，M2 增速都是 GDP 增速的两倍以上。然而，2013 年以来这一比例持续降低，目前中国的 M2 增速只有 8%多一点，对应 6%左右的 GDP 增速，单位 GDP 的货币供应量迅速下降，达不到之前正常的货币量与 GDP 的匹配程度，对中国经济形成严重的紧缩效应。

考虑到中国目前还没有成熟的货币供应量理论和相应的量化指标，在单位 GDP 货币供应量基础上，应该考虑建立“单位产能货币供应量”等符合中国宏观经济调控需要的新指标，避免盲目实施金融供给约束，抬高融资成本。

从长期来看，中国央行甚至应放弃计划思维和传统的货币供应量数量控制，以合理的实际市场利率为新的货币政策目标。2019 年，中国非金融类企业的银行贷款总额近百万亿元。每降低一个百分点的融资成本，就可以为实体经济增加万亿元的利润。如果能够持续降低中国的高融资成本，就可以获得巨大的新增长红利。

第四节　如何解除土地供给约束，释放新土地红利

在许多经济体中，土地所有权不明确、土地使用限制以及土地转让权限制都可能对土地供给造成约束。通过消除对土地供给的约束，可以提高经济增长潜力。在中国，由于产权模糊、土地审批流程冗繁、土地流转效率低下等因素影响了土地供给，土地价格和租金自2000年以来一直在飙升。

一、土地供给约束：产权不清晰

科斯认为，假设产权交易成本为零，无论初始产权状态如何，谈判和产权交易都可以优化产权结构。但是，如果产权不明确，这个问题就很难解决。因此，如果一个国家的土地产权是模糊的，那么，土地供给必然会受到负面影响。

根据《中华人民共和国土地管理法》，中国土地所有权分为两类：一是国有土地；第二，集体所有土地。在实践中，城市土地一般属于国家所有，农村和郊区土地属于农民集体所有，但法律规定属于国家所有的除外。宅基地、自留地和山区属于农民集体所有。

在中国农村地区的集体所有权和承包制度的一般模式下，多数情况下农民只能根据他们与村集体本身签订的合同，自己种植土地，而不能改变土地用途，不能转让、出租或出售土地。

除了农村土地承包经营制度的复杂性外，宅基地所有权也需要确权。例如，有的合法宅基地没有产权证明，也有非法占用的土地以某种方式取得了当地政府的产权证明，也有在现实中正在被占用的土地等待确权或拆迁补偿。

在中国，城乡接合部是土地产权的迷宫。在城市化进程中，土地价格上涨所带来的巨额利润在政府、农村集体和个人之间的复杂博弈中被瓜分，留下了大量无法拆除的“肿瘤”，包括城市中的村庄和没有合法产权的住宅公寓。

由于农村承包制产权不清晰，以及城乡接合部的土地产权不清，中国土地受到了严重的供给约束。

二、土地供给约束：使用限制和用地审批制度

在大多数国家，土地的供给是相对固定的，但土地的功能可以分为不同的类别。按照土地用途划分和土地管理制度，可以调整土地供给。不同的国家对土地用途的划分有不同的标准和不同的管理方法。

发达国家采用了不同的土地管理制度。日本、美国和加

拿大采用“土地使用分区管理”的模式，英国采用“土地规划许可证制”，法国和韩国也采取了“建筑和开发许可制度”。在德国，区域土地管理的权力掌握在地方政府手中，市镇负责具体实施；在美国，常规土地的规划权属于州政府，联邦政府不参与地方政府的规划与管理，州土地利用规划是指导下级政府进行更详细规划和实施的政策依据，同时还必须咨询专家、学者和公众；在日本，分区是在实际规划之前完成的，城市土地利用规划分为三个层次：地理分区、分区制、街区规划；同时，通过重划、产权互换、强制征地等方式对私人土地进行公共干预。这些国家相对合理的土地供给方式，促进了土地市场价格的合理。

在中国，任何组织和个人使用土地进行建设，必须依法申请许可。中国严格限制农用地转为建设用地，控制建设用地总量，对耕地实行特殊保护。在这种情况下，土地供给往往取决于从农业用地转为商业用地、住宅用地或工业用地的土地许可政策。

为了促进可持续发展，中国政府采取了土地配额制度。这是由中央政府根据各地居民人口、工业化和城市化的必要性等决定的。

中国土地审批具有严格的程序控制、多层次审批、市场参与程度低的特点。就审批流程而言，需要得到政府部门的层层批准。用于城镇、乡村私人住宅建设和公共设施、公益事业建设的用地，必须经国务院或者省级人民政府批准。属于基本农田或者一般耕地面积大于 35 公顷的，或者只是大于 70 公顷的，必须经国务院批准。审批过程漫长而复杂，也会降低土地供给效率。以建筑项目审批为例，从项目开始启动建设，直接审批过程包括初步审查、要求说明使用计划、农业土地转为非农审批、土地征用的检查和审批等等，每一步都需要大量的支持材料。例如，在农业土地用途变更和土地征用的步骤，所需材料包括：合法性征地补偿和安置标准的证明，建设用地的“一证书、四个计划”，关于土地征用指示的要求，国家发展和改革委员会的批准或备案文件、环境保护批准、水土保持方案批准等等。这种多环节、高水平的审批模式在宏观调控方面具有一定的优势，但也会降低土地供给效率。

此外，在某些特殊阶段，非农业土地供给政策已被用作宏观经济管理的工具之一。

例如，2004 年，为了阻止经济过热，中国国土资源部加强了对土地市场的监管，为土地供给设置了限制：新增建设用地的数量被严格控制，实施最严格的耕地保护制度，在土地方收到足额土地补偿款之前不批准任何土地收购。对不符合产业政策的钢铁、水泥、电解铝等新增投资项目，停止土地审批。此外，还建立了季度报告制度来监测土地市场。这样就减少了土地供给量。2004 年，地方政府批准的 4 813 个新的经济特区(占总量的70%)被中央政府予以取缔。

有时,快速的土地使用批准也成为经济扩张的政策工具之一。例如,2009年,为应对全球金融危机冲击,中国政府采取行动保经济增长的一揽子计划和相关政策措施。在诸如建立快速跟踪审批、土地使用的资格预审过程加速、调整工业用地政策、保障扩大内需的关键建设项目的土地供给等措施的支持下,建设用地的资格预审、审批和供给增长率都高达40%以上。

三、土地供给约束:土地流转及其成本的上涨

除了土地产权、使用限制、使用批复外,土地流转限制也会影响土地供给。在中国,城市土地流转相对容易,而农村土地一般为集体所有,对流转、交易有严格的要求。

在农村集体土地制度下,土地流转成本受政策、农民谈判能力、土地收益分配方式等因素的影响。在建设用地的购买和拍卖过程中,如果收益由地方政府、开发商和农民共同分享,而在利润分配和谈判机制方面没有明确的标准,那么土地供给成本就会上升。

此外,市场体系的不足也会增加土地的稀缺性,导致征地成本过高,建设用地结构性短缺,土地使用成本上升。在城市化的进程中,对于脱离土地的家庭来说,如果他们的农

地权利不明确或不能转让,他们很可能会闲置,而不是进入土地市场。

最后,耕地使用补偿等行政收费也会提高土地使用成本。

四、新红利:明确土地确权与促进土地流转

在城市化进程中,土地供给约束会影响产出;反之,如果通过明晰土地产权或促进土地流转来增加土地供给,新增的土地供给将带来新的增长红利。

2013 年以来,中国政府全面启动了农村土地承包权的认定工作,要求地方政府在 5 年内完成这项工作。这项工作投入了大量的人力资源和资金,但截止到 2018 年底,还是留下了很多不合理的土地承包权以及未来土地流转的隐患。

例如,在中国河北省,部分村镇有土地承包权的农民,都没有获得承包权,原因是 2004 年以前,由于农业税和各种相关收费使从事农业变得无利可图,许多中国农民主动放弃了他们的土地承包权。2004 年以后,由于中国政府免除了农业税,这些农民想重新得到他们的土地承包权,而实际耕种这些土地、不交税、享受各种农业补贴的农民则不愿意归还这些土地承包权——上述潜在的冲突已经存在多年,大多数地方政府选择尊重既成事实,结果一部分农民的土地承包权继

续被另一部分人无偿使用并获取相关收益。

从 2013—2018 年的土地确权过程中，由于部分地方政府选择不改变土地承包权，所以未公开宣布土地承包权的确认情况，而是低调地选择与拥有土地承包权的农民确认土地承包情况，在有关登记系统中予以确认。如果在这样的承包权基础上，开展土地转让，难免会引发更深层次的利益冲突。中国农村的土地确权和土地承包权利自由转让，还有很长的路要走。

要提高土地供给效率，可以采取以下措施：提高农地、宅基地和农村集体建设用地的可交易性，提高国有土地（包括房地产、工商用地）的流动性，提高现有存量土地的可用性。对于有产权问题的矿山，情况也是如此。各种矿产资源的产权是否明晰，矿产交易市场的发展是否健全，直接决定着矿产资源的开采质量和利用效率。

此外，由于国有建设用地和集体所有的农村建设用地的所有权和用途的不同，已经建立了不同的交易规则。当这些规则能够支持土地流转时，它们将提高土地供给的效率。

五、新红利：改革土地使用制度，释放土地供给

随着非农业用地需求越来越多，而可转为非农业用地的耕地受到中国政府力保的“18 亿亩耕地”限制而越来越少，改

革土地使用制度显得越来越紧迫。

第一，要细化土地使用分类，提高土地使用效率。例如，应鼓励通过综合利用土地实现工业、商业和办公室功能的一体化。新能源用地、水资源节约使用用地、新能源发电用地应当纳入公共设施用地，科学研究、试验用地应当纳入科教用地，并予以鼓励。

第二，简化审批流程，优化土地利用申报审批流程，规范审批流程，提高审批效率，有利于提高土地供给效率，增加总产出。

第三，采取改革措施，增强市场在土地供给中的作用，建立政府、开发商和农民之间的协调机制。例如，鼓励原土地使用者以股东身份参与土地开发，引入社会资本分担开发成本，避免政府主导导致的一级土地市场垄断，可以增加土地供给，降低土地成本。

第四，政府应该找到更灵活的土地使用方式，如可实现"先租后转""租转结合"等灵活流转制度。

第五，通过减少或取消不必要的征地行政事业性收费，可以直接降低土地供给成本。当然，也需要相关的财税改革，减少地方政府对土地出让金的依赖。

第六，改善土地使用的方法有很多，包括更好的城市规划，更合理的产业布局，科学开发低山土地，在缓坡上建造房屋，填海造地和存量土地的利用。在土地复垦方面，发达国家的土地复垦率为 80％，而中国的土地复垦率不到 30％，这意味着土地复垦仍有很大的供给潜力。就中国土地存量而言，提高土地利用效率仍有很大的空间。例如，对闲置的工厂和仓库进行改造和再利用，对未利用的农村建设用地和废弃矿山进行复垦。

总的来说，中国的土地供给受到了严重的限制，改革的空间仍然很大。消除对土地的供给约束，有利于释放更多的土地红利，支持中国经济长期稳定增长。

Chapter

Seven

第七章

解除技术供给约束
再造新技术红利

在新供给经济学增长模型中，技术是增长的根本驱动力。中国过去40年的经济增长离不开来自西方国家三次工业革命的“后发技术红利”。今后经济增长的根本驱动力，应该来自何方呢？为了激发更多的技术创新活力，在经济从旧的供给结构向新的供给结构过渡的过程中，必须解除各种各样的技术供给约束。

第一节　解除技术供给约束的新红利

在劳动力、土地和资本等要素供给条件给定的前提下，技术对企业的贡献主要是促进全要素生产率。技术供给往往受到人力资本、技术创新和技术利用率三个方面的制约。

一、解除技术供给约束的影响

如图 7—1，如果技术供给受到约束，TFP 会从 T_* 下降到 T_1，产量会从 Y_* 下降到 Y_1。

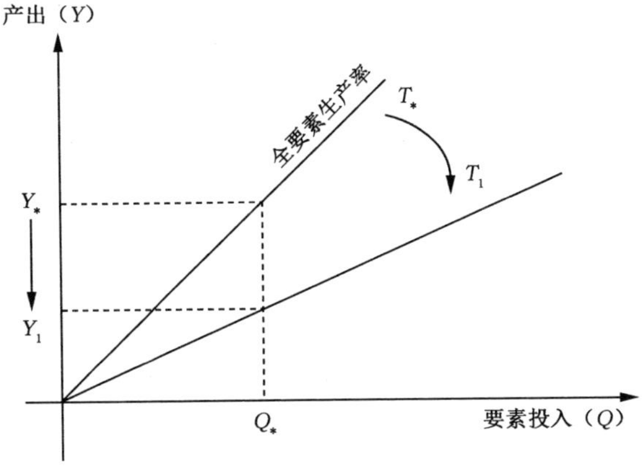

图 7—1　技术供给约束的影响

如果解除对技术的供给约束，其影响如图 7—2 所示，TFP 曲线从 T_* 逆时针旋转到 T_1，TFP 增加，导致产量增加。

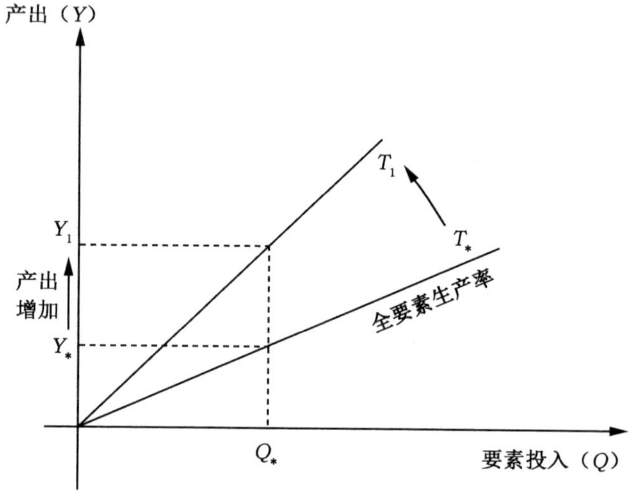

图 7—2　解除技术供给约束带来的产出提高

二、新技术红利与技术驱动型的经济增长

技术供给由人力资本、技术创新和新技术的实际应用比例决定。消除对人力资本、技术创新或新技术应用比例的制约，必将带来新的增长红利。熊彼特和保罗·罗默也描述过类似的效应。

熊彼特认为，创新是经济增长的推动力。而保罗·罗默高度评估了技术创新的作用,并进一步展示了知识可以作为长期经济增长的动力。

40 年来,中国经济增长得益于前三次工业革命所带来的人力资本改善和技术供给。然而,在差不多完成了三次工业革命之后,中国未来的经济增长不得不更多地依赖于消除对自身新技术的供给约束。比如,改革教育体制,提高人力资本水平,鼓励更多自主技术创新,提高技术应用效率。尽管中国已经有大量的技术申请了专利,但只有 10%～15%的技术转化为应用。中国技术供给改革的空间广阔,将带来新的巨大增长红利。

第二节　如何解除技术供给约束

消除技术供给约束，使技术更好地成为经济增长的动力，要从人力资本、技术创新、技术转化率等三个方面采取改革措施，

一、改革教育制度，改善人力资本

教育制度对一个国家人力资本的提升具有决定性的影响。以中国为例。1977 年以来，中国教育事业发展迅速，高等教育规模迅速扩大。这为中国经济的腾飞做出了巨大的贡献。然而，近年来，基础教育、高等教育和职业教育都有待深化改革。

中国现行的高考制度营造了一种过于注重考试的环境。孩子们花费大量的时间来记忆事实，没有时间去参加运动、艺术、娱乐和社会活动。在这样的教育体制下，孩子们不快乐，父母们失望，这将损害国家的创造力。为了逃避这一制度，在北京、上海和深圳等大城市的父母们越来越多选择送孩子出国上初中和高中。

中国的大学教育很多情况下也落后于市场对人才的需求，大学毕业生往往达不到雇主的期望。

显然，要推进中国教育供给侧结构性改革，迫切需要转变教育观念和方法。应建立多元化的高等教育和职业教育体系，培养更多的创新型人才；扩大知识产业、信息产业、文化产业、金融及高端服务业专业招生规模，满足新供给和新经济的需求；应有序开放教育市场，鼓励民间资本参与，引进国外先进模式。

二、更有效的技术创新支持

在 2015 年人均 GDP 超过 17 000 美元的 20 个国家中，有一件事是共同的，那就是它们在研发上的投资都超过 GDP 的 2.0%。研发投入越多，带来的经济增长潜力越大。因此，为刺激研发投入，中国应建立更有效的包括政府资助和企业资助在内的多元化资助体系，建立协调机制，支持高水平的技术创新。

首先，专利补贴政策必须确定合适的目标，在大中型科研机构和中小企业、科研院所之间合理分配资金。应减少对科研机构的行政影响，并对科研体制进行市场化改革。

其次，应把资金重点放在创造新供给形成阶段的技术研究上。在新供给形成阶段，企业融资能力较弱，对资本成本敏感。因此，在支持政策融资和减税免税的同时，鼓励社会资本参与，建立风险资本、私募股权投资等能够承担新供给风险并分享收益的市场化机制。

此外，创新友好型制度意味着对知识产权的充分保护和创新的高回报。

最后，中国应将专利管理的重点从数量转向质量，通过建立协调的制度，减少重复补贴、低质量补贴和骗补。

三、提高技术转化率

技术的实际应用率是经济增长的关键。高校不是市场主体，因此，它们对市场需求的敏感度较低，它们研究更多的是理论而不是应用，导致研究结果的适用性和成熟度较低，常常与经济现实脱节。因此，为了提高技术转化率，必须消除学术研究和市场运作之间的障碍，建立双向沟通机制。只有这样，产业与科研的协调创新发展才能实现，科研成果的应用率也可以提高。例如，企业和学术机构可以联合建立实验室、项目和开发中心，使学术研究获得更高的相关性和实用性，更好地服务于产业发展和技术。此外，工业生产中技术应用的激励机制有待完善。研究评价的重点要从数量上向质量上转移，鼓励科研人员自主创业，把研究成果转化为产品。评价体系应从单纯的结果导向，向结果导向和应用导向并重转变。除了技术价值外，研究成果的商业价值和公共价值也应予以考虑。此外，一个产业一体化和向市场化导向的研究体系亟待建立，在这一制度下，可鼓励科研机构、行业协会和企业共同参与科学研究。

科学论文是科学技术的理论基础和学术基础。根据2013年《全国创新指数报告》，美国有38.2万篇SCI论文，占全球总数的27%；中国有21.3万篇，仅次于美国。中国、韩国、印度和巴西等新兴国家的增长率更高。[①]

然而，并不是所有的科学论文都能对人们的现实生活和经济发展作出贡献。例如，抗生素是20世纪最重要的发现之一。英国细菌学家亚历山大·弗莱明发现青霉素孢子的一种物质可以抑制葡萄球菌的繁殖。他后来将这一发现应用于治疗感染。事实上，弗莱明并不是第一个注意到这种现象的人。物理学家约翰·廷德尔（John Tyndall）在1876年也有类似的发现，但未能看到其治疗的潜力。[②] 只有把创新应用到生产中，创新的价值才能体现出来，使企业和公众受益。

从产学研合作论文的数量和占比来看，美国大学的产学研合作论文占比最高，以明显的优势位居榜首。中国虽然拥有大量的论文，但产学研合作成果所占比例仅为1.1%，远远

---

① 《国家创新指数报告》，科学技术文献出版社2015年6月版，第5页。

② 布莱恩阿瑟：《技术的本质》，浙江人民出版社2014年4月版，第133页。

低于美国。

企业科研人员占全社会科研人员总数的比例，反映了一个国家的科研成果向应用转化的速度有多快。根据《2014 年全国创新指数报告》，美国、德国、日本和韩国在五项企业创新指数中有三项排名前十，日本在所有五项指标中均排名前十。

技术应用主要受创新激励机制和应用新技术的成本一利润比的影响。企业采用新技术的决策受到企业文化、所需投资规模等多方面因素的影响。在投资过大、企业管理体制过于僵化，或企业家缺乏改革的信心和动力等情况下，企业往往采用老技术生产，创新的应用会被推迟。如果企业文化保守，缺乏支持创新的决策体系，就会阻碍技术的创新和应用。

为提高技术应用率，中国的中央和地方政府已经建立了很多高新技术企业孵化器，提供政策支持，大大提高了创新效率，加快了新技术、新业态的形成。

Chapter Eight

第八章

以“供给要素贡献”为核心的收入分配改革

按照公平和效率原则进行分配收入一直是一个重要的经济问题。在古典经济学中，主要研究的是劳动、土地和资本等要素之间的收入分配问题。在新古典经济学中，收入分配是由均衡产出和要素边际生产率决定的。而在新供给经济学中，要素贡献、要素稀缺性、议价能力和兼顾公平等对收入分配都具有重要意义。

第一节　按供给侧五大财富源泉贡献的收入分配

在五种财富源泉中，任何只强调一种财富源泉而忽视其余的理论，都是有局限的。然而，中国计划经济思想者认为，只有劳动才能创造价值。他们简单地将技术和制度的贡献归因于复杂劳动和简单劳动之间的差异。此外，他们还忽视了非物质领域的价值创造，认为商业活动并不能创造价值，所有的商人都是利用信息不对称，低买高卖的“投机者”。因此，计划经济下的激励机制出现了严重的问题，造成经济效率低下。

自 20 世纪 90 年代以来，中国的政府文件中强调，劳动、土地、资本、技术和管理都是财富的来源，都参与了财富的创造。然而，如何衡量它们在价值创造中的贡献呢？

一、劳动、土地和资本的边际生产率

生产要素的边际生产率是衡量其贡献的重要指标之一。假设某种商品的生产只需要劳动和资本两种要素，如果我们保持资本的投入量不变，每增加一单位劳动投入时，产出对应发生变化。当边际生产率递减时，每增加一个单位的劳动

投入,产出增量都会有一定的减少。假定投入一个单位的劳动时,产出的增量为 AB,投入第二个单位的劳动时,产出的增量为 $A^{\mathrm{I}}B^{\mathrm{I}}$,投入第三个单位的劳动时,产出的增量为 $A^{\mathrm{II}}B^{\mathrm{II}}$……以此类推,$A^{\mathrm{I}}B^{\mathrm{I}}$、$A^{\mathrm{II}}B^{\mathrm{II}}$,$A^{\mathrm{III}}B^{\mathrm{III}}$……$A^{\mathrm{IV}}B^{\mathrm{IV}}$就是劳动的边际生产率。该厂商最终的劳动边际生产率为 $CD=AE$,劳动的边际生产率 CD 决定了工人的工资。这时矩形 $ADCE$ 所代表的面积,一方面代表了劳动的边际生产率与劳动投入量的乘积,即劳动所作出的贡献;同时也代表了工资与劳动投入量的乘积,即劳动所获得的报酬总额,见图 8—1。

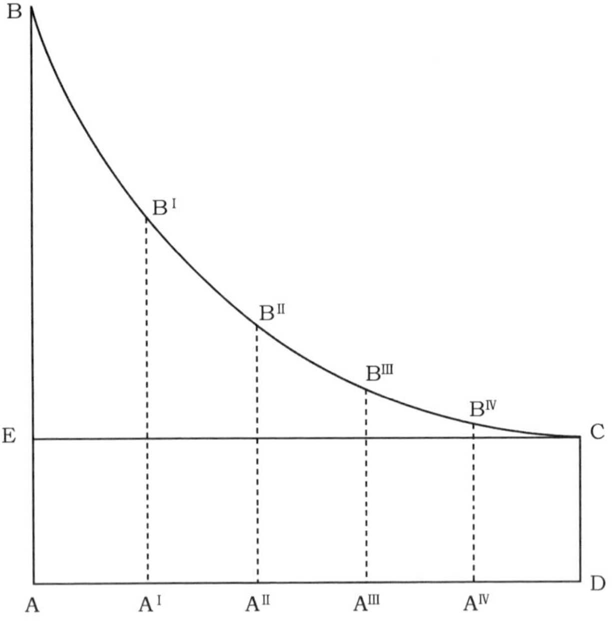

图 8—1 边际生产率的变化

与劳动类似,资本所作出的贡献,也可以用资本的边际生产率与资本投入量的乘积来表示。当边际生产率递减时,资本、土地、劳动的边际生产率分别决定了资本的利息、土地的地租和工人的工资。

二、技术和管理的贡献

我们如何衡量技术和制度对生产的贡献?技术创新和制度优化可以提高全要素生产率,从而促进经济增长。

产出增长=(劳动份额×劳动增长)+(资本份额×资本增长)+(土地份额×土地增长)+技术贡献+管理贡献

技术对于总产出的贡献往往通过两种形式:一种是供给创造需求的能力,一种是要素投入水平不变情况下有效供给量的变化。

技术对于要素产出效率的影响,可以通过模型对比的方式更为直观的解释。假定有 A、B、C 三个厂商生产同一种产品或服务,三个厂商的技术水平不同,分别为先进、中等、落后,在其他所有因素投入相同的情况下,先进技术的厂商生产的总产出更大,即要素的利用率更高。为了简化模型,仅考虑单一要素的生产效率变化情况,见表 8—1。

表 8—1　　技术的贡献

厂商	技术水平	劳动的投入量（小时）	产量	单位产品或服务的劳动消耗
A	先进	30	3	10
B	中等	30	2	15
C	落后	30	1	30

可见，技术通过提升劳动、资本、资源的产出效率来提高总产出。通过对比可以看出，技术对于总产出的边际贡献，体现在产量或要素生产率的增量上。

技术的贡献不仅仅可以表现为要素生产效率的提高，还可以表现为新动能或新的附加值。例如，像 iPhone 这样的智能手机已经把手机从单纯的通讯工具变成了一个集社交、娱乐和工作功能于一体的平台。通过建立 App Store 营销平台和支付系统，苹果销售音乐、电影、电视节目、游戏、软件等多种内容资源，并与内容开发商分享利润。这样，它就建立了稳定和持续的利润来源。通过应用商店平台的帮助下，苹果公司已经成功地整合产业链的所有链接（如手机、内容及服务提供商、电信运营商、网络支付公司和用户），建立一个完整的应用程序系统，覆盖内容供给、终端应用程序、互联通信和支付等，形成了创造出了成倍的有效供给和衍生需求。

技术通过科技的力量提高要素生产率和供给质量，而管理和制度通过优化要素配置达到了同样的目的。在其他因素投入不变的情况下，管理或制度推广的投入也可以提高产出。

第二节 要素成本的影响、要素稀缺性报酬及稀缺性超额报酬

除了受到要素边际生产率和技术进步、管理改进的影响,要素成本的高低和要素稀缺性也对要素的收入分配产生较大影响。

一、要素成本的影响

同样的要素,在不同地区的供给成本不同,也会带来要素报酬的差异。比如同样一名导游,在新加坡的工资要远远高于中国大陆。其中很重要的一个原因就是新加坡的教育和生活成本要高于中国。由于供给成本具有刚性,当要素报酬低于供给成本时,人们的工资不能支付日常基本消费时,就会导致这一要素退出市场。

这也适用于其他因素,比如当利率小于资金的供给成本时,会造成储蓄的下降;当资源的供给成本过低,会导致开采规模的下降;当技术产权得不到保护或其要素报酬小于供给成本时,会降低技术研发人员的供给量;当管理者报酬不能

覆盖其教育成本或其承担的风险时，往往导致工作效率降低。因此，所有的要素报酬都必须高于要素供给成本。

二、要素稀缺性对收入分配的影响

供给成本过高，生产周期过长，要素市场不健全，都可能导致资源稀缺。

例如，劳动力供给取决于生育率水平、劳动者在闲暇时间和工作时间之间的分配等因素。在这些因素的影响下，如果劳动的供给小于劳动的需求，那么劳动的稀缺性就会上升。

要素稀缺性通常反映在要素收益率的变化上。比如，土地的供给，取决于土地所有者将在保留自用与出让他用之间的取舍。当土地所有者出让的土地较少，自留土地较多时，会出现土地供给短缺的情况，并直接反映在土地的价格上。

对于农业的要素贡献，威廉·配第说过：“土地为财富之母，而劳动则为财富之父和能动要素。”在农业社会早期，不管是狩猎、采集、养殖、种植，还是简单的手工业，都依靠劳动来完成。相对于土地、森林、矿产等其他生产要素，劳动具有稀缺性，结果劳动的要素报酬提高，进而就有人通过占有他人的劳动来获取更多财富。在公元1500年前后，土地与劳动的稀缺性发生了变化，新的可耕地资源越来越少，不足以承载越来越多的人口，土地变得相对稀缺，土地的报酬就相应提高，占有土地的地主或封建主在收入分配中占据了主导地位。

三、要素稀缺性报酬

市场会自动按照要素的稀缺性进行收入分配，但也可能会偏离按照要素贡献分配的原则。比如，当土地的稀缺性提高，如果企业要维持原有的土地使用量，就需要支付更高的要素报酬，地价有上升趋势。

假设土地的供给量为 L_*，按照要素边际贡献报酬的分配原则，对应的要素报酬是 R_*，但由于土地供给量减少，L_* 下降到 L_1，会提高土地要素的相对稀缺性，从而导致要素报酬从 R_* 提高到 R_1，其中 (R_1-R_*) 为稀缺性的改变带来的要素报酬，新供给经济学将其称为“稀缺性要素报酬”。公式如下：

$$\Delta R_1=R_1-R_*$$

其中，ΔR_1 表示稀缺性要素报酬。这种要素报酬的增加往往是以其他要素报酬的减少为代价的。

在农业时代的前期，劳动者是稀缺资源，富人曾经用占有奴隶的方法获得稀缺性报酬；在农业社会的后期，随着人口的增加，土地变得相对稀缺，土地所有者曾经获取稀缺性

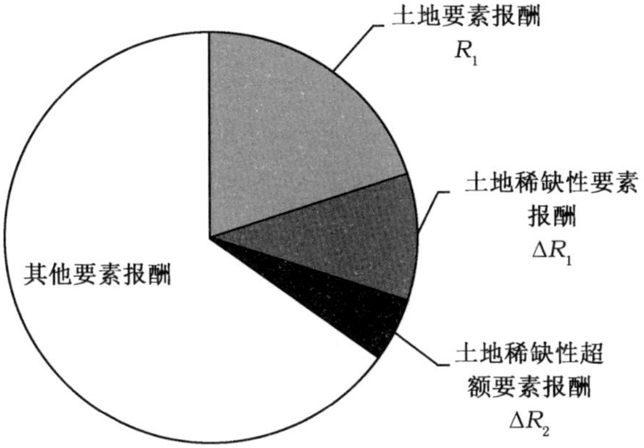

图 8—2 稀缺性要素报酬和稀缺性超额要素报酬

要素报酬;在工业社会早期,资本相对稀缺,那些率先完成原始资本积累的人,就有机会获得资本稀缺性报酬;在后工业时代,对于许多高科技企业来说,资本不再稀缺,可以从风险资本市场、股票市场和债券市场获得,高超的管理或创新技术才是稀缺的,且资本家往往很难监督管理者和技术人员的工作。这就是为什么经理和技术人员可以在短短几年里积累大量财富,超过历史上的许多百年工业巨头——在美国的硅谷,技术精英们比福特(Ford)和克莱斯勒(Chrysler)的股东更富有;像微软这样的公司在世界各地做生意,比尔·盖茨多年来一直是世界上最富有的人之一。

四、要素稀缺性的超额报酬

在供需关系正常的背景下，要素供给方除了获得稀缺性要素报酬外，当要素供给方处于主导地位时，稀缺要素所有者通常也会获得要素稀缺性的超额报酬。

以土地为例，土地供给为稀缺的，供给量为 L_1，R_1 为供需关系决定的要素报酬。然而，土地的实际报酬是 R_2——稀缺要素所有者利用其强大的议价地位（如垄断地位）获得的额外报酬，新供给经济学将其称为“稀缺性超额要素报酬”。公式如下：

$$\Delta R_2 = R_2 - R_1$$

其中，ΔR_2 表示稀缺要素所有者索取的超额要素报酬。

这种超额报酬是多种因素综合作用的结果，包括对生产要素供给约束、垄断、专营权以及供求关系的扭曲等。

当存在要素供给约束，都会导致要素供给量的降低，进而造成稀缺要素所有者获取超额要素报酬。比如土地供给约束带来的地价上涨，给土地供应链上的地方政府、土地开发商都带来了丰厚的超额要素报酬。

垄断会带来超额要素报酬。当存在金融垄断时，银行对于企业融资成本的话语权较强，垄断金融机构获得超额要素报酬，有可能导致中小企业资金成本提高。

专营权也会造成稀缺性的超额要素报酬。比如，当出租车牌照供给量有限，使得出租车专营权具有稀缺性时，出租车公司往往通过涨价获取超额要素报酬。

供求关系的扭曲等其他因素也会造成稀缺性超额要素报酬。在自由竞争的市场中，供需关系能够进行自动调节。当出现超额利润时，要素迅速加入，价格降低，超额利润消失。但在供求关系扭曲的情况下，处于有利地位的要素所有者就会获得高于市场平均水平的超额要素报酬。

第三节　兼顾效率与平等的收入分配与扩大中等收入群体的改革路径

收入分配的讨论离不开效率与平等，然而效率、平等与经济增长的指向常常是不同的，有时候甚至是完全反向的。以产权为例，有的产权指向“平等”，有的产权结构指向“增长”，那么，怎样解决两者的矛盾，实现兼顾效率与平等的收入分配呢？

一、效率和平等对持续经济增长的影响

蒲鲁东的理论认为，财产权利指向增长，但是不指向平等，甚至与平等是相反的。在蒲鲁东看来，增长的权利是从对财产的拥有中获得收入的权利，而获得收入的途径，或者通过资源的生产性开发，或者通过资源的交换。① 而沿着这种途径进行下去，结果必然是占有资源和财富的人可以获得更多的资源和财富，不占有资源和财富的人则变得相对贫困。社会财富结构自然发展的结果就是贫富差距的一步步

① 克里斯特曼著，张绍宗译：《财产的神话》，广西师范大学出版社 2004 年版，第 3 页。

扩大，社会不平等现象加剧。

为了更直观和全面分析效率与平等对经济持续增长的影响，我们根据效率与平等可能组合，建立了效率/平等象限图。如图 8—3 所示，横轴表示平等，纵轴表示效率。当收入分配能够兼顾效率与平等时，经济能够持续稳定增长，即象限Ⅰ；当收入分配只顾效率，造成贫富差距过大时，虽然有利于经济的增长，但可能会导致贫富之间的矛盾尖锐，可能引发局部矛盾激化或冲突，即象限Ⅱ；当收入分配只强调平等，忽视效率时，由于不能按照要素贡献进行分配，会降低要素的生产效率，进而降低经济增长潜力，即象限Ⅳ；如果收入分配既不能兼顾效率，又不能兼顾平等，不仅经济出现衰退，还可能带来政治不稳定，即象限Ⅲ。

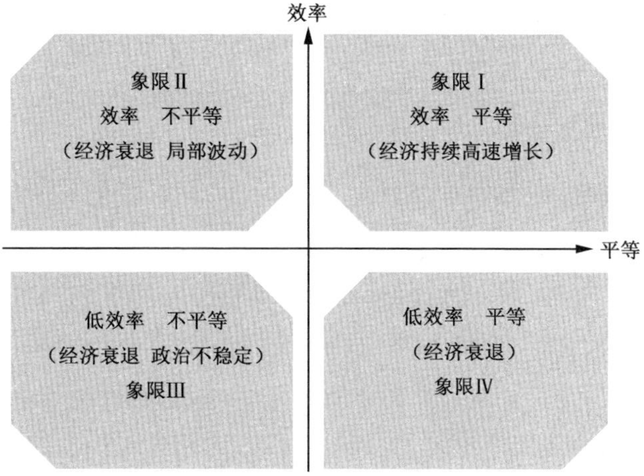

图 8—3　效率/平等象限图

二、在效率与平等之间的分配调节手段

从短期来看，按要素边际贡献分配是最优的分配机制，有利于提高经济增速。如果加入时间坐标，考虑经济的稳定可持续增长，则必须将平等纳入收入分配理论的研究范畴，但效率与平等之间存在着负相关关系。

如图8—4所示效率平等曲线 E_fE_q，横轴表示效率 E_f，纵轴表示平等 E_q。

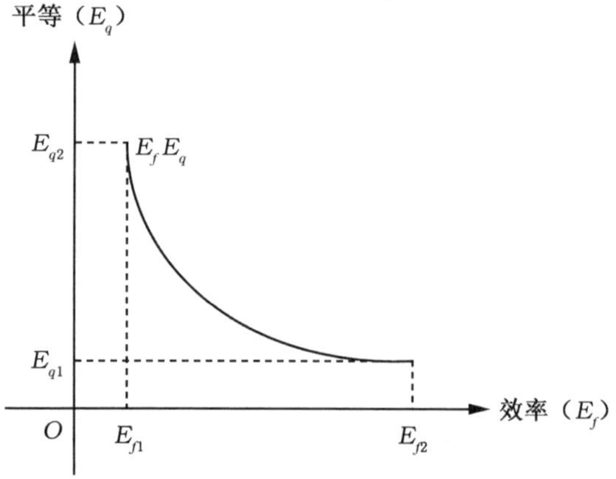

图8—4 效率平等曲线

当 $E_f > E_{f2}$ 时，收入分配处于一个极度不平等的状态，大部分财富都集中在少数人手中，贫富差距扩大，社会矛盾十分尖锐。

当 $0<E_f<E_{f1}$ 时，收入分配接近平等，但要素没有任何继续优化的动力，经济处于一个停滞不前，甚至衰退的状况。

当 $E_{f1}<E_f<E_{f2}$ 时，随着效率的提高，要素贡献大的人，回报越多，贫富差距不断扩大。随着平等程度的提高，要素的生产效率降低，进而导致经济增速降低。

根据图 8—3 效率/平等象限图，最理想的收入分配模式是兼顾效率与平等，即象限Ⅰ，如何兼顾效率与平等呢？

(1)通过转移支付的调节作用，寻找效率和平等的最优点。在效率平等曲线既定的情况下，通过效率与平等关系的理论模型可以发现，大于 E_{f2} 或小于 E_{f1} 的收入分配会严重偏离图 8—2 中的象限Ⅰ，降低经济增速，或造成贫富差距过大。如图 8—5 所示，效率与平等的最优点 E_{f*} 应该是介于 E_{f1} 和 E_{f2} 之间的一点，这一点的特征为效率损失与平等损失之和最小。即从这一点出发，每提高 1 单位的效率，所带来的贫富差距边际扩大量都大于 1 单位；每降低 1 单位的效率，所带来的贫富差距减少量，都小于 1 单位。

通过转移支付等方式，能够让 E_{f*} 沿 E_fE_q 曲线左右移动：当 E_f 位于 E_{f*} 左侧时，可以通过减少转移支付，使得 E_f 向右移动，进而在牺牲较少平等的情况下，提高效率；当 E_f 位于 E_{f*} 右侧时，可以通过增加转移支付，使得 E_f 向左移动，进而在牺牲较少效率的前提下，缩小贫富差距，最终达到效率与平等的最优点 E_{f*}。

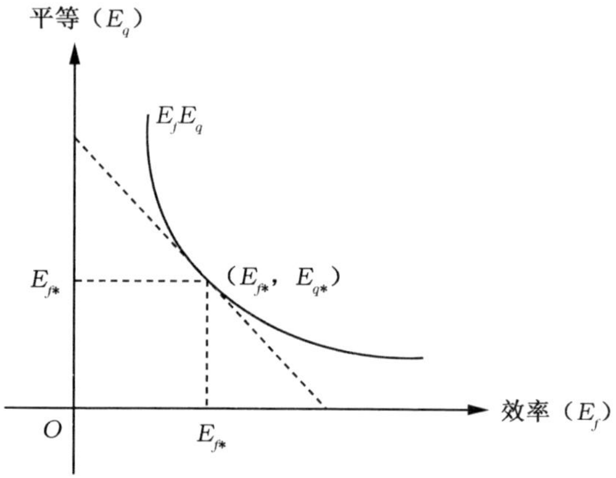

图 8—5 效率平等曲线的最优点

(2)通过制定影响要素报酬的相关法律或政策,改变效率平等的关系。除了沿着效率平等曲线移动,改变效率平等曲线,也能够优化效率与平等组合。如图 8—6 所示,通过制定相应的收入分配政策,降低效率平等曲线的曲率,从 E_fE_{q1} 降低到 E_fE_{q2},则对于同样的效率提升,如从 E_{f1} 提升到 E_{f2},对于曲线 E_fE_{q1},平等程度从 E_{q1} 下降到 E_{q2};而对于曲线 E_fE_{q2},平等程度仅从 E_{q1} 下降到 E_{q3},其中($E_{q3}-E_{q2}$)即为曲率下降带来的平等与效率组合的优化,表现为贫富差距的缩小。

政府通过改革与要素收入相关的制度等方式能够改变 E_fE_q 的曲率。比如,劳动法能够提高劳动报酬或降低劳动收入;通过金融制度或银行法,可以提高或降低金融部门的

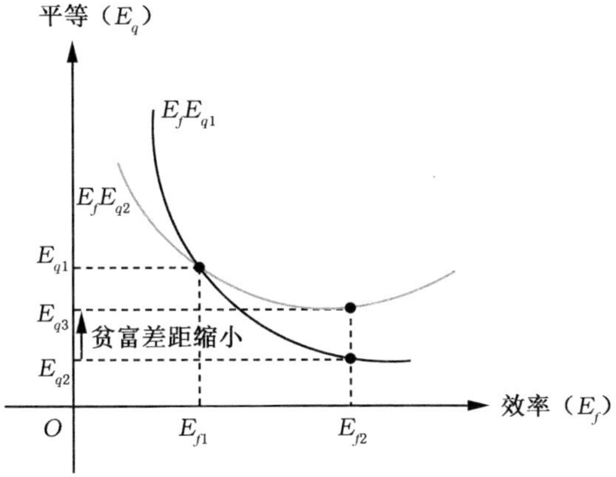

图 8—6　降低效率平等曲线对平等效率组合的优化

收入；推行土地产权或盘活土地的改革，能够提高或降低土地的收入；进行知识产权方面的改革，能够提高或降低技术的收入；国有企业的薪酬制度或股权等激励制度能够提高或降低管理者的报酬。

(3)通过获得外部援助、技术进步、制度变革或减税等，能够同时提高平等与效率。除了上面两种方式外，效率平等曲线向右移动，也能够优化效率与平等组合。如图 8—7 所示，当效率平等曲线向右移动，从 E_fE_{q1} 移动到 E_fE_{q2}，则对于任何的效率和平等组合，E_fE_{q2} 上的组合均优于 E_fE_{q1}。比如 E_fE_{q2} 上的点 A，与 E_fE_{q1} 上的点 B，对应着更高的效率和更高的平等程度。

$$E_{f2} > E_{f1}$$

$$E_{q2} > E_{q1}$$

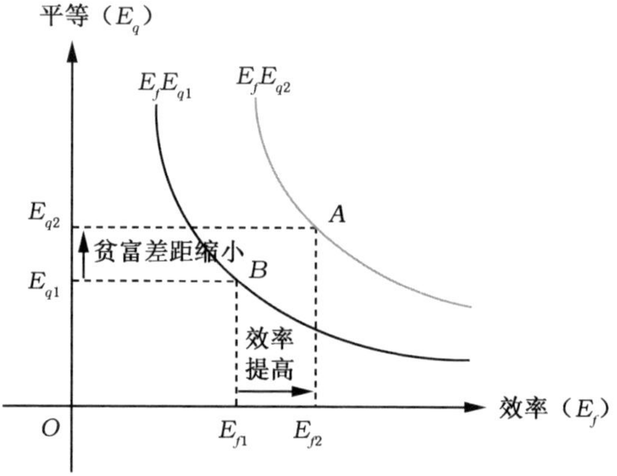

图 8—7　向右移动效率平等曲线对平等效率组合的优化

能够使得效率平等曲线发生位移的一般都是外部因素，比如通过外部援助、技术进步、制度变革或政府将历史收入当期投放等阶段性提高总产出或总收入，进而带来效率和平等同时提高。

三、促进效率与平等的收入分配模式

按要素贡献分配，从经济上有利于增长，但同时也会造成贫富差距的扩大。任何国家财富在社会各阶层之间分配上差距扩大到一定程度的时候，这个国家的经济增长速度就会显著放缓，尤其是少数人的奢侈品消耗挤占财富创造者的基本需求时，必然会导致经济增长放缓。

合理的收入分配应按供给要素贡献原则，避免由于要素稀缺性而造成超额要素报酬，同时制定相应收入分配政策，保证兼顾效率与平等的收入分配模式。财富的“增长指向”和“平等指向”的矛盾，可以通过福利机制来进行纠正，也可以通过生产资料的适当平等占有来解决。

第一，坚持按要素贡献分配，效率优先的原则，让市场在资源配置中发挥决定性作用。把边际生产率、要素成本作为衡量要素贡献大小和确定要素报酬的重要参考指标，确保劳动、土地、资本等要素，以及技术和管理都得到合理报酬。

第二，通过税收、转移支付、社会保障等方式，合理调整收入分配。在这一过程中，要坚持效率优先、兼顾平等、缩小贫富差距、转移支付合理，实现效率与平等的最优组合，保持经济持续稳定增长。对于严重偏离要素贡献和边际报酬的领域，政府可以适当征税，比如遗产继承等；对于新供给、新动能在形成初期，如科技初创企业等，可以适当降低或减免税收，进而降低企业的成本，激发市场的活力，鼓励新供给形成和扩张，并创造新需求；对于利用公共资源过度获取个体收入的领域，比如通过各种方法占有的土地和矿产资源、公共设施资源、海洋空间资源等，可通过以资源税为代表的税收政策予以调节。

第三，调节要素初始占有的平等性、要素制度改革、技术进步等，可以降低效率平等曲线的曲率，或使得效率平等曲线向右移动，进而实现在缩小收入差距的同时，保持经济增长。比如，通过劳动法、健全金融制度、明晰土地产权、保护知识产权、合理薪酬制度等方式，使得劳动、资本、土地、技术、管理等要素获取合理的要素报酬。比如，要防止土地产权不明晰或土地供给约束造成土地供给稀缺，从而让土地挤占其他要素所有者的报酬；防止金融垄断或金融制度不完善造成资本供给成本过高，挤占其他要素报酬。同时，通过合理的薪酬体制和激励机制，提高管理者和员工的积极性；通过知识产权保护，提高技术的创新能力和成果转化效率等。

四、如何扩大中等收入群体——以中国为例

2016 年以来，中国政府多次提到扩大中等收入群体的问题，然而，更具体、有效的措施还有待出台。

新供给经济学认为，中国作为一个转型中的经济体，要保持经济的可持续增长，应采取以下措施：实行要素贡献与边际报酬相结合的收入分配，提高要素占有的公平性，建立健全要素市场，扩大中等收入群体等。土地供给约束带来的房价上涨过快、财政收入在国民收入中占比过高、行政权力参与财富分配等，都是抑制中等收入群体的成长和快速壮大

的主要原因。

比如，房价上涨过快成为抑制新生中等收入群体扩大的重要原因。从发达国家的经验来看，大学以上学历的年轻人是新生中产阶级的主要后备力量。他们在毕业后凭借自己的学识和能力，很快在大城市获得稳定工作，进入白领阶层，或者成为专业人士、企业管理者，中产阶级群体由此得以不断扩大。但是，远远高于收入涨幅的房价增速，使得居住成本占据了年轻人收入的相当大部分，挤占了本应用于改善生活和提供发展的其他支出。

又比如，财政收入占比过大、增长过快也是抑制中等收入群体增长的原因之一。与发达国家的高税收高福利不同，许多转型经济国家征收高税收却提供低福利，这对居民收入产生了更大的影响。

行政权力直接或间接参与收入分配，也是收入分配机制扭曲的重要原因。掌握审批权或其他各种权利的官员，如果利用其行政权力索取贿赂，对于其他要素的正常财富创造和分配都起到了抑制作用。

长期以来，一些行业和企业凭借其在要素占有上的有利地位，长期收入分配中占比过高，挤占了其他方面的收入。

例如，在2010—2015年期间，在中国2 000多家上市公司中，商业银行的利润一直占据了一半以上的份额。商业银行的利润分为三部分：一是正常的资本要素报酬；二是由于金融制度给商业银行带来的稀缺性要素报酬；三是金融垄断带来的商业银行额外获得的稀缺性超额要素报酬。商业银行的稀缺性要素报酬和稀缺性超额要素报酬太多，导致其他行业的要素报酬被商业银行挤占。

又比如，中国的油价扣除各种税费后的“裸价”，中国的汽油价格要比美国高出30%左右，这其中很重要的一个原因也是稀缺性要素报酬和稀缺性超额要素报酬。这种现象在资源垄断和行政垄断的电力、电信等行业也存在。

这些行业或企业，不仅能够获得资源的要素报酬，还由于相对稀缺，获得了稀缺性要素报酬，并且由于少数几家企业长期处于垄断地位，进而还获取了稀缺性超额要素报酬，挤占了其他行业和企业的收入分配份额。

总之，劳动者、技术人员、管理者是中等收入群体的主要力量。完善收入分配体制，扩大中等收入群体的根本，关键就在于落实“按要素贡献分配”的原则，通过税收、转移支付、调节初始占有权等方式，保障劳动、技术、管理等要素投入获得回报，避免公共权力、土地供给约束、金融垄断等，利用收取贿赂或获取稀缺性超额要素报酬的方式，挤占劳动者、技术者和管理者的合理收入。

Chapter Nine

第九章

影响物价波动的供给冲击模型

商品的价格是由供给和需求双方决定的。在短缺经济背景下，物价极易受到货币供给量变化和总需求变化的影响而大幅波动。在过剩经济背景下，即便存在货币超发，货币也不会追逐商品，而是会更多流向资产市场并冲击资产价格。由于阶段性的超额需求会很快被过剩产能所弥补，很难引起严重的通货膨胀。过剩经济中的周期性的物价波动，更多地受到供给冲击的影响——包括供给成本变化、供给周期、供给升级等。比如，石油和其他大宗商品的价格剧烈波动，可能对制造业产品的价格影响；动植物生长周期对农产品价格波动的影响；供给升级所带来的对物价的影响。

第一节　供给冲击:原材料成本对价格的影响

一般分析认为,原材料价格的上涨必然会导致下游消费品价格的上涨。但在现实中,这种影响并没有那么直接,或者至少没有想象的那么强烈。以2004—2007年为例,国际原油价格从每桶不足20美元上涨至140美元,而在下游石化行业,鼠标、键盘、电话等消费品价格并没有明显上涨;同一时期,铁矿石价格下跌了几倍,而中国的汽车价格也一直在下跌;铜价上涨了几倍,而用铜较多的空调价格却没有明显上涨。

显然,原材料价格的变化必然会对消费品价格产生影响,但这种影响的程度必须通过理性的定量分析来确定:根据笔者2010年建立的"四层过滤"模型测算,当进口原材料价格平均上涨15%时,其对我国CPI的最终影响只有0.3个百分点。[①]

为什么原材料价格对CPI的影响小于直观想象?主要是受到原材料成本的价格传导系数、劳动生产率的提高、下

---

① 滕泰:《滕泰透视通胀》,中国人民大学出版社2011年版。

游的过度竞争、流通环节的利润弹性等因素过滤的影响。

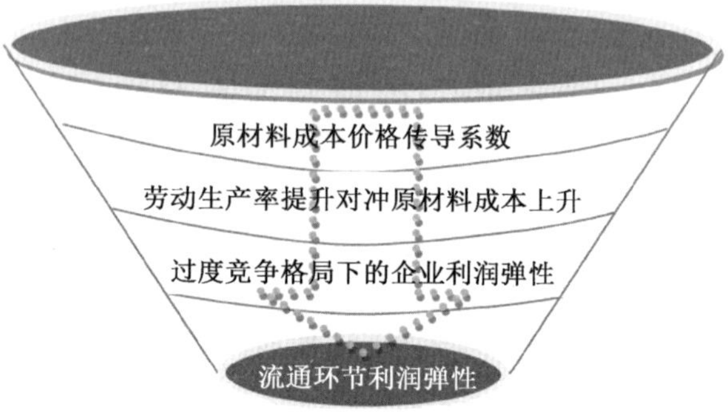

图 9—1　原材料价格上涨对终端消费品价格影响过程

一、原材料成本的价格传导系数

原材料成本向产成品价格的传导,必须经过的第一层过滤:原材料成本的价格传递系数。原材料成本在产品成本中所占的比例越大,传导系数越大,说明向下游的传导压力也就越大。以金属产业链中的钢铁为例,铁矿石的投入约占钢铁生产成本的 50%,这意味着当铁矿石价格上涨 10%时,钢铁生产成本将上涨 5%。钢铁行业的下游行业,如房地产、基础设施、机械、汽车等,按照钢材在机械、汽车这一环节的平均成本占比 50%计算,当铁矿石价格上涨 10%,终端产品的价格只会平均上涨 2.5%。

即使原材料的价格相同,由于不同产品中原材料的使用比例不同,传导给终端消费品的成本压力也是不一样的。比如,中国房地产开发成本中,土地成本占比较大,钢铁占比一般在20%左右,那么当铁矿石成本上升10%,对于房地产价格的影响仅为1%。

下面来看一下,原材料成本价格具体的传导过程:

实际上,一个经济体的原材料终归有两个来源,自产或者进口,在很多情况下,这两种原材料的价格波动并不同步。如果一种原材料主要是进口的,那么当它的价格上涨时,会对最终产品的价格产生什么样的影响呢?通常用进口依存度(D)来衡量进口原材料的比例,即原材料进口量(I)与原材料总消耗量(E)之比:

$$D=\frac{I}{E}$$

如果将终端产品价格分解为原材料成本(M)与其他成本之和,其中原材料成本占产品总成本(T)比重,即原材料价格传导系数,用B来表示:

$$B=\frac{M}{T}$$

当进口原材料价格上涨时,在所有使用的原材料中,只有D比例的部分涨价,其价格上涨的幅度将以B比例的部分传导给终端产品,由此就产生了价格上涨的第一层过滤因素:进口原材料成本价格传导系数。

由原材料成本占产品总成本比重(B)乘以原材料进口依存度(D)就是进口原材料成本价格传导系数(Q),即:

$$Q=B\times D$$

原材料成本价格传导系数越大,说明这种原材料在成本中所占的比重越高,向下游的传导压力也就越大。根据我们在 2011 年所做的量化研究,钢铁、石化、造纸等行业进口原材料成本的价格传导系数分别为 17%、39%和 15%。

此外,如果国内生产的原材料价格上涨,也可以采用同样的分析方法,只不过用原材料自产率(D'),即原材料自产量(I')与原材料总消耗量(E)的比值,来取代进口依存度(D),即:

$$D'=\frac{I'}{E}$$

国内原材料成本价格传导系数(Q')可以表示为:

$$Q'=B\times D'$$

当国产和进口原材料价格波动同步时,不需要区分国产和进口原材料,进口依赖关系(D)为常数 1,或者原材料成本的价格传导系数(Q)等于原材料成本占产品总成本的比例(B),即:

$$Q=B\times D=B$$

原材料成本的上涨对最终产品价格的影响较小,这可以归因于这样的价格上涨是由全产业链来分摊的:假定从石油开采，到炼制石脑油、二甲苯，到 PX，到 PTA，到聚酯纤维、纤维切片、涤纶长丝，到纺织布、到服装加工，中间有九个生产环节，每个生产环节的价格传导系数相乘，最后得出的从石油到纺织服装的总价格传导系数就很小了。

当然，并不是所有的制造业产业链都像石油化工那么长，所以也不是所有的产业链都能像石油化工业那样在原材料价格大幅上涨后还能生存下来。

二、生产率的提高可以抵消原材料成本上升的影响

在生产环节，技术进步和生产效率的提高可能会改变原材料成本占总成本的比例。提高生产力的方法主要集中在以下几个方面：

第一，技术，更好的技术可以减少原材料的消耗，或者用廉价的原材料替代昂贵的原材料，从而降低单一产品的成本。

第二，工人的熟练程度，即工人是否能熟练使用机器。更高的熟练程度意味着更少的错误或延迟，从而降低单个产品的成本。

第三，组织，即生产过程的组织是否科学合理。良好的组织可以节省时间、空间、环节和原材料，从而降低单个产品的成本。

以下是各环节生产率提高对价格传导的影响。假设：

(1)一个产品的产业链一共有 N 个环节；

(2)每个环节劳动生产率提高的数量为 p_n($n=1,2,3\cdots N$)；

(3)每个环节劳动生产率提高的数量,即为该环节的成本下降的数量；

(4)各环节劳动生产率提高,对原材料涨价的最终过滤效果用“劳动生产率过滤系数(L)”来描述,则：

$$L=1-(1-p_1)\times(1-p_2)\times\cdots\times(1-p_n)$$

例如,在生产产品 A 需要经过一个有 4 个环节的产业链,每个环节的劳动生产率提高数量如表 9—1 所示：

表 9—1　　各生产环节劳动生产率提高的实例

环节	劳动生产率提高程度
(1)	2%
(2)	5%
(3)	3%
(4)	4%

那么产品 A 的劳动生产率过滤系数为：

$$L=1-(1-0.02)\times(1-0.05)\times(1-0.03)\times(1-0.04)$$
$$=0.133$$

这意味着,通过各环节的劳动生产率提高,可以过滤掉 13.3%的原材料成本上涨压力。

同理，产业链上每个环节的生产率都有提高的空间。产业链包含的生产环节越多，中间环节对原材料成本上涨的吸收能力也就越强，上游原材料涨价带来的成本压力越小。

对于许多行业来说，新供给扩张速度越快，往往意味着规模效应越大，劳动生产率提高速度越快。历史上，每一个制造业大国的崛起，一般都伴随着原材料价格的上涨。然而，在这一过程中，劳动生产率的提高会不断压低最终产品的价格——随着英国和美国的崛起，纺织品、石化产品和汽车的价格都出现了下降。在它们消耗资源最多的那些年里，造成的不是通货膨胀，而是产品的相对过剩和物价下跌。

三、下游的过度竞争挤压了厂商的利润，抑制了终端产品的价格上涨

在消费需求刚性较强的行业，消费品厂商在保持一定利润的同时，可以将原材料的部分成本压力转嫁给消费者，但这种转移必须保持在合理的水平，以免损害其市场份额。

对于需求－价格弹性较大的消费品，在完全竞争条件下，先涨价的厂商往往会失去较大的市场份额，因此，制造商只能压缩自己的利润，尽量不涨价。

在供给过剩的情况下，消费品的供给价格弹性较大，这意味着价格的微小波动，就可能导致供给发生剧烈变化。只

要出现较小的价格上涨，供给量就能大幅增加，结果反而会导致下一阶段价格更大幅度的下跌。

因此，在过度竞争的背景下，对于厂商来说，市场份额比利润更重要。只要收入能够覆盖成本，即使没有很多利润，厂商也能够生存；而一旦失去了市场份额，意味着企业就面临着灭顶之灾。因此，即使当原材料价格上涨时，下游制造商为了保持市场份额，宁愿压缩利润，也不愿提高最终产品的价格。

正是因为上述原因，那些处于供给成熟或老化阶段的消费品，很难将上游成本上涨压力传递给消费者。由于产品在质量、外观、性能的差异不大，厂商正处于降价促销的过度竞争阶段。此时，上游成本上涨，下游各厂商的产品涨价却很困难。

总之，原材料价格上涨的压力，可以由产业链不同环节的企业分担——链条越长，终端产品的价格上涨压力就越小。当下游厂商之间存在过度竞争时，终端产品价格几乎不可能上涨；相反，原材料成本上升的影响往往会被厂商利润消化，这也反映了厂商应避免同质化竞争，着力进行供给升级的重要性。

第二节　供给冲击:劳动力成本对价格的影响

从供给成本影响分析,劳动力成本的上涨也会引起物价上涨。但是,其对物价的实际影响远远大于原材料成本的影响。

一、劳动力成本对不同行业价格的影响

在劳动成本传导过程中,劳动成本在总成本中所占的比重越大,工资上升对于物价的影响越大。

将劳动成本从其他成本中分解出,则终端产品价格分解为原材料成本(M)、劳动成本(L)与其他成本(C)和利润。其中前三项之和等于产品总成本(T),则人工成本占总成本的比重,即劳动价格传导系数,用 B_L 来表示:

$$B_L=\frac{L}{T}$$

由该公式可知,劳动力成本占总成本的比例(B_L)与工资上涨对物价的影响呈正相关。不同行业的劳动成本价格传导系数可能有所不同。表 9—2 列出了部分行业的劳动成本

价格传导系数：

表 9—2　　部分行业的劳动成本价格传导系数[①]

第一产业	粮食种植	40.8%
	油料种植	49.2%
	蔬菜种植	40%
	生猪养殖	9.97%
	鸡养殖	3%
第二产业	非金属矿物制品	9.6%
	服装纺织	8.6%
	炼焦和石化	5.5%
第三产业	竞争性服务业	<15%
	金融业	17.9%
	非竞争性服务业	32.9%

由表 9—2 可知，当工资上涨时，由于劳动成本价格传导系数的过滤，只有部分压力可以传导到总成本。总体而言，劳动力成本上升对资本密集型产业的影响较小，而对于劳动密集型产业，如食品加工、轻工制造以及人力成本占主导的服务业的冲击效应会更加明显。

① 根据滕泰《滕泰透视通胀》第五章相关数据整理，中国人民大学出版社 2011 年版。

二、劳动生产率的提高可以部分抵消劳动力成本上涨的压力

经过劳动力成本的价格传导系数过滤后，价格上涨压力减弱。劳动生产率的提高将进一步削弱劳动力成本上升对物价的影响。

假设一个产品，其产业链上某环节的工资水平为 S，劳动生产率为 p，则单位产品的劳动成本为：

$$l=\frac{S}{p}$$

如果工资增加 ΔS，劳动生产率不变，则单位产品的劳动成本为：

$$l'=\frac{S+\Delta S}{p}$$

其中，$\frac{\Delta S}{p}$就是工资上涨带来的单位产品劳动成本增加。

如果劳动生产率也同时提高，提高幅度为 Δp，则单位产品的劳动成本为：

$$l''=\frac{S+\Delta S}{p+\Delta p}$$

显然，$l''<l'$，也就是说，劳动生产率的提高降低了工资上涨对物价的影响。

三、过度竞争对劳动成本上升的过滤作用

在过度竞争的背景下，产品的同质化将迫使制造商通过降价促销来争夺市场份额。因此，厂商没有定价权，就不会以失去市场份额为代价，将劳动成本上升的压力转移到下游；相反，它们必须通过压缩自己的利润来消化。

当制造业处于供给结构老化阶段，产能过剩与过度竞争并存时，劳动力成本上升的压力很难传导到下游，最终只能由生产企业承担。

劳动成本在服务业领域的传导，也会受到相关行业利润弹性的影响。在过度竞争的压力下，服务提供商也只能通过压缩自身利润来消化劳动成本上涨的压力。比如，2007年以后中国证券行业的人工成本上升很快，而该行业的服务价格——证券交易佣金，却大幅下降。这是行业的恶性竞争，以及牛市阶段市场交易量的成倍放大造成的结果。

在农业领域，劳动力成本上涨的压力很大一部分通过政府的财政补贴得到了缓解。

一般来说，劳动力成本和原材料成本对价格的影响是一样的，但它们的影响程度不同。只要生产环节需要人工参与，劳动力成本就会增加到最终产品的价格中。因此，劳动成本冲击物价的影响远远大于原材料成本。

根据我们对中国 2010 年那一轮通货膨胀的研究，在当时的经济结构下，受到劳动成本占比、劳动生产效率提高、终端消费品过度竞争的影响，中国劳动成本平均上涨 15%，对 CPI 的中值为 1.94%。对比同期输入原材料价格平均上涨 15%，对中国 CPI 的最终影响只有 0.3 个百分点，劳动成本上升对物价的影响是原材料价格影响的 6 倍多。

第三节 供给周期的影响——农产品价格的变化

除了供给成本，供给的周期性变化也会导致价格的周期性波动。最典型的例子是小农经济体制下的农产品的供给周期性波动。农产品的量价波动受到供给周期、供给缺口、供给弹性、供给结构等因素的影响。

一、生长期决定价格波动周期

与制造业不同，农产品的供给受到动植物繁殖规律和生长周期的影响。根据农产品生长或生产周期的长短不同，可分为短周期产品和长周期产品。

对于短周期产品，如蛋类、奶类，其生产周期较短，只有几十天，供给的变化更容易发生。当生产线足够多时，能够弥补生产周期的波动，可以防止供给的剧烈变化，稳定价格。即使价格出现波动时，其产量也能够在短期恢复，使得价格恢复平稳。

对于长周期产品，如粮食、蔬菜和肉类，其供给周期通常在半年到一年之间。在需求稳定的情况下，价格会随着生长周期而波动。在其成熟季节来临之前，其价格相对较高，而进入收获期之后，其供给量会大量增加，价格相对较低。因此，对于长周期产品，需求的相对刚性和生长周期带来的供给波动是导致价格呈现周期性波动的主要原因。

对于需求稳定、供给波动剧烈、生长周期长的产品，当期价格往往由上期价格决定，呈现出“蛛网模型”的特征。比如，T 时期价格高，农民耕种的积极性会随之升高，导致 $T+1$ 期的产量增加；在消费需求刚性的情况下，产量增加会导致 $T+1$ 时期的价格下降；价格下降后，农民的积极性回落，结果 $T+2$ 期的产量下降，并导致价格上升。

比如，粮食都有相对固定的生长期，一旦种植面积确定，在生产期内产量一般为零。在生长周期内，即使价格上涨，供给也很难增加，必须等到下一个收获期产量释放或确认新粮丰收，价格才会回落。长周期产品的价格波动，往往会经历一个、两个或三个生长期。

如图 9—2 所示，在 1993—1995 年的通货膨胀中，粮食价格自 1992—1994 年 10 月持续上涨三个生长周期；在 1998—1999 年通货膨胀中，粮食价格连续上涨两个生长周期，在 2004 年通货膨胀中，粮食价格自 2003 年 8 月—2004 年 4 月大幅上涨，即一个生长周期；在 2009 年—2010 年的通货膨胀中，粮食价格经历了一个生长周期。

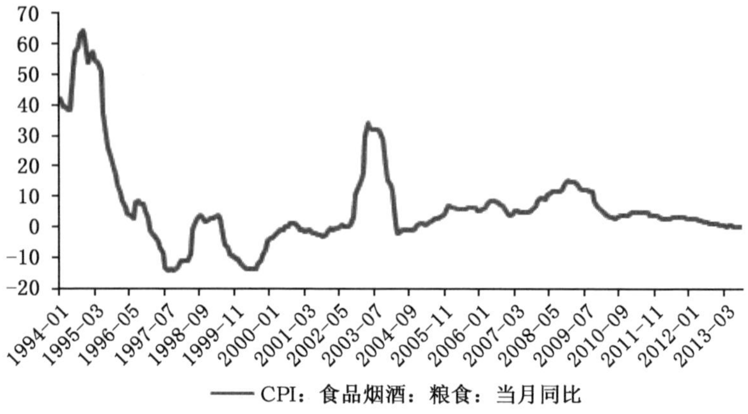

图 9—2　粮食作物生长周期与价格波动周期

二、供求缺口决定价格波动方向

由于粮食产量在生长期为零，粮食消费只能依赖于库存。当期产量与消费之间的差，即供求缺口，决定了价格波动的方向。当库存量较大时，供求缺口的影响较小；当库存紧张时，供求缺口的影响较大。

以小麦为例。2003—2006 年，中国小麦库存保持在 5 000 万吨以下，平均 4 400 万吨。在此期间，小麦生产者价格指数突破 131.19，跌至 96.41，振幅高达 36%，价格波动剧烈。2003—2004 年，供求缺口迅速缩小，但价格大幅上涨；2008—2010 年，库存量平均达到 5 700 万吨，其间小麦的生产价格指数最高为 108.67，最低为 107.86，振幅仅有 0.75%，其间供求缺口变化较为剧烈，由正转负，但价格较为平稳，见表 9—3。

表 9—3　　中国小麦库存、供求缺口、生产者价格指数统计[①]

指标名称（千吨）	小麦生产价格指数	小麦期末库存	供求缺口（产量一总消费量）
2003	103.02	45 701.00	−17 902.00
2004	131.19	44 049.00	−8 932.00
2005	96.41	40 136.00	−4 987.00
2006	100.07	46 076.00	5 602.00
2007	105.50	49 538.00	3 446.00
2008	108.67	58 134.00	8 148.00
2009	107.86	59 873.00	370.00
2010	107.86	53 218.00	−7 540.00

三、价格弹性决定价格波动幅度

价格弹性是指一种商品或服务的需求量或供给量对价格变化的反应程度。粮食作为一种商品，其供求价格弹性较低。在生长周期中，供给的价格弹性为零，即无论价格如何变化，产量都为零。因此，农产品价格就像橡皮筋一样，供给的每一个细微变化都可能导致价格的剧烈波动。供给弹性越小，价格波动就越剧烈。

① 滕泰：《滕泰透视通胀》，中国人民大学出版社 2011 年。

以小麦为例，小麦的供求弹性小，需求是刚性的，供给不可能在短期大幅增加，无论价格变化多么剧烈，供求关系短期变化都不大。2010 年全球小麦产量 6.481 4 亿吨，总消费量 6.621 1 亿吨，仅仅短缺 1 400 万吨，CBOT 小麦期货价格却从 6 月 9 日最低 425 美元上涨到 8 月 5 日最高 868 美元。2009 年，全球小麦产量 6.841 8 亿吨，总消费量为 6.542 5 亿吨，产量仅仅超过消费量 3 000 万吨，CBOT 小麦期货价格却从最高约 600 美元持续下跌到 2010 年 6 月 9 日最低 425 美元。① 自 2013 年以后，小麦的全球产量一直大于全球总消费。如图 9－3，CBOT 小麦价格从 2013 年 1 月 2 日 884 美元，一路下跌到 2016 年 8 月 31 日的 388.5 美元。

蛛网模型受供给周期的影响，其波动趋势由供需弹性决定。当供给的弹性大于需求的弹性，价格的变动对于消费量的影响小于对于供给量的影响，波动会逐步加剧，越来越远离均衡点，蛛网的形状趋于发散。比如，棉花的生产周期是 1 年，当棉花价格上涨时，当年的生产已经固定，产量只能在第二年增加，第二年供给的增加量大于需求增加量，供给大于需求，价格下跌；当第二年棉花价格下降时，当年的产量已经固定，只能在第三年减少，供给减少的量大于需求减少量，进而价格上涨……随着价格的变化，供给的增加量或减少量总

① 滕泰、郝大明：《食品绝对价格下半年稳定，同比涨幅回落》，民生证券研究所，2011 年 6 月 13 日。

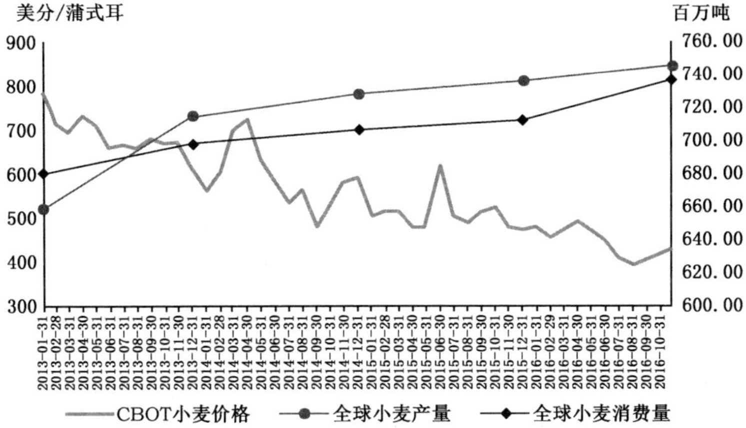

图 9—3　小麦价格变化与供需缺口

是大于消费量的变化，进而导致实际价格与实际产量的上下波动幅度会越来越大，如图 9—4。

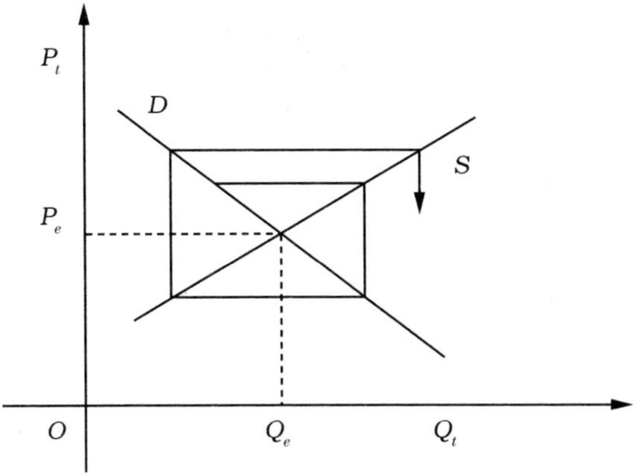

图 9—4　蛛网模型——发散型

同样，当供给的弹性小于需求弹性时，价格和产量的波动将逐渐减弱，供给虽然会根据价格进行下一期的产量调节，但是供给的增加量或减少量，小于消费的变化，进而导致实际价格与实际产量的上下波动幅度越来越小，形成一个收敛的蛛网。仍以棉花为例，当棉花价格上涨时，第二年产量增加，但供给的增加量小于需求增加量，价格向均衡价格移动；当第二年棉花价格下降时，第三年的产量减少，但供给的减少量小于需求的减少量，价格继续向均衡价格受移动，进而导致实际价格与实际产量的上下波动幅度会越来越小。

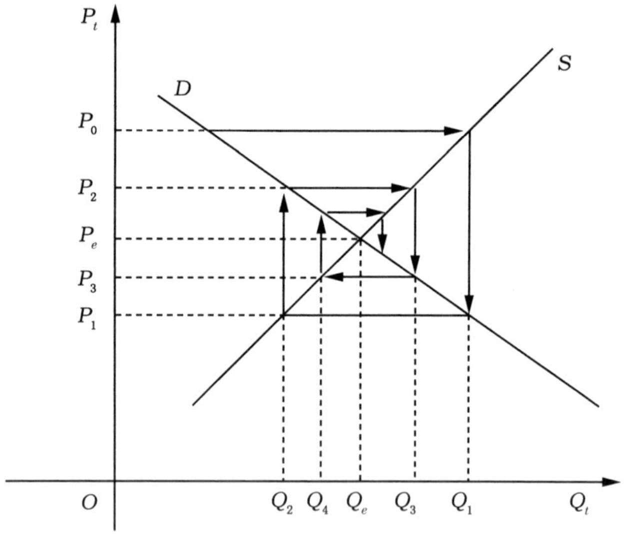

图 9—5　蛛网模型——收敛型

当供给弹性等于需求弹性时，波动就会重复发生，既不会远离平衡点，也不回到平衡点，蛛网的形状趋于封闭。

从历史数据的表现来看，粮食的价格波动基本遵循"蛛网模型"，猪肉的价格波动遵循"弱蛛网模型"，其他食品中的蔬菜、奶类和蛋类也具有弱蛛网模型特征。但是，进口量大的大豆、植物油和食糖等，蛛网模型特征不明显，它们的价格主要由国际市场价格决定。由于供给周期较长，本期供给量由上期价格决定，粮食价格基本上重复了"增产→跌价→减产→涨价"的周期，而需求弹性和供给弹性都很小的特点，决定了粮食价格容易出现暴涨暴跌，参见图 9—5。

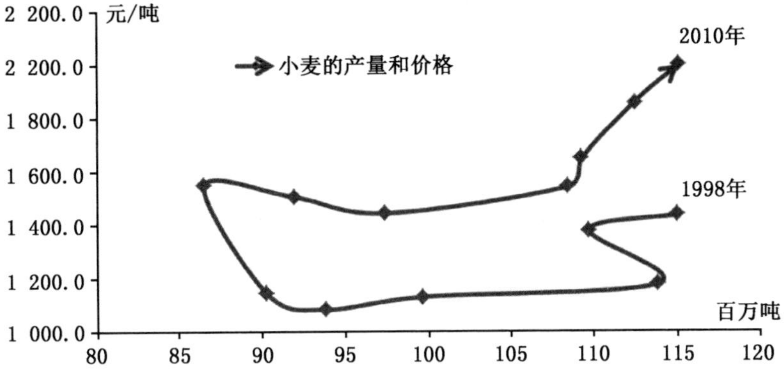

图 9—6　小麦价格与产量的蛛网模型

四、供给结构决定价格的稳定性

对于生产周期长，需求稳定的农产品，其产量受前一时期价格的影响,则其价格波动就会受供给周期的影响。

在经济中,供给周期对价格的影响是由供给结构决定的。例如,如果一个经济体的供给结构以长周期产品为主,那么供给周期对价格的影响就会更大,价格波动也会更显著。如果短生命周期产品占主导地位,价格波动往往较小。

如果一个经济体中规模化生产占主导,就像美国一样,每个时期的产量都可以很容易地统筹安排,这将有助于避免价格的剧烈变化。即使呈现"蛛网模型",也有收敛趋势。但如果一个经济体小农经济占据主导,就像中国农业的情况一样,农民之间过于独立,无法进行产出协调,那么蛛网就会发散,进而加剧价格波动。以养猪业为例,与美国不同的是,中国的养猪业主要由中小散户组成。2015 年,前十大生猪养殖企业年出栏量仅为 4 000 万头,占总出栏量还不到 10%。在生长周期的不同阶段,价格变化剧烈。如图 9—7,2010 年 6 月—2011 年 6 月,仔猪肉价格从 13 元/千克飙升 2 倍多,至 42 元/千克;在 2011 年 6 月达到峰值后,2014 年 5 月价格下跌了 50%,至每千克 20 元。

一个经济体的供给结构决定了供给周期对于价格的影响。进行供给结构改革,通过规模化生产可以平滑不同供给周期的产量,有利于降低供给周期对于物价波动的影响。小农经济的供给结构决定了物价会随着供给周期的不同阶段而上下波动。

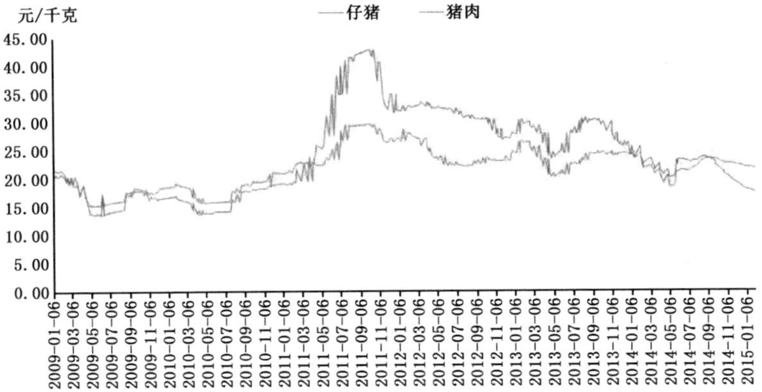

图 9—7　中国猪肉的价格变动情况

生长周期决定价格波动周期，供求缺口决定价格波动方向，价格弹性决定价格波动幅度，供给结构决定物价稳定性。新供给主义经济学将以上农产品的量价波动规律定义为“农产品量价波动四大定律”。

第四节　供给结构升级等因素对价格的影响

供给结构对价格有影响之外，影响价格的其他因素包括流通成本、税收成本、融资成本、市场预期和货币政策。

一、供给结构升级对价格的影响

随着新供给的形成和扩张，老供给不断地为自身附加新的功能和价值，新价值的增加会在消费升级的过程中体现在价格上。

比如 CPI[①] 中鞋类价格基本稳定在 2%的年增长水平。仅从价格来看，假如 1990 年需要花费 50 元来买鞋，在 2000 年可能就需要花费 100 元，到 2016 年可能需要花 200 元。而从产品本身来看，在 90 年代 50 元买到的是一双运动鞋，2000 年我们花 100 元买到的是一双旅游鞋，而 2016 年花 200 元，买到的是具有不同功能的鞋子，例如登山鞋、跑步鞋、篮球鞋

---

① 居民消费价格指数 CPI(consumer price index)是一个反映居民家庭一般所购买的消费价格水平变动情况的宏观经济指标。它是度量一组代表性消费商品及服务项目的价格水平随时间而变动的相对数，是用来反映居民家庭购买消费商品及服务的价格水平的变动情况。

等。虽然在 CPI 中，这些都统计为鞋类，但商品的功能、品牌、款式、材质等价值含量已经大不相同。

同样，2008 年苹果推出 iPhone 3 时，在中国的定价为 3 999 元，2016 年，256G 内存的 iPhone 7 Plus 售价 7 988 元，而后者的性能、设计和屏幕都得到了升级。在涨价的过程中，苹果通过提高产品性能，升级硬件和软件，成功地创造了新的需求，带动了消费的升级。

可见，并非所有的价格上涨都是货币或需求增长的结果，事实上，它们甚至不是成本上升的结果。真正推动这一趋势的是供给升级，供给结构升级创造出新价值、新需求。这种性质的物价上涨，实际上正是新供给的价格表现，也是供给升级推动经济增长的过程。

二、流通成本对价格的影响

物流环节的销售和仓储活动所产生的成本，以及批发商、零售商、仓储者、运输者的利润，都被计入物流成本，对价格产生影响。以中国的蔬菜为例，对于新鲜蔬菜，在农场的购买价格仅为城市零售价格的 15%，批发价格为零售价格的 25%，其他流通成本来自城市的“最后一公里”。当然，企业物流部门存在着损耗和腐烂的风险，这在一定程度上解释了其在总价格中所占巨大份额的原因。2015 年，中国流通总成本约为 10.8 万亿元。

要降低仓储物流成本，可以通过建立完善的运输体系，包括完善铁路、公路、航空、内海航运网络；减少道路通行费也有助于降低交通成本。此外，通过技术改造或物流仓储管理，可以降低成本，降低价格，这需要对零售业进行供给改革或升级。

在零售业的供给升级过程中，大卖场、电子商务等新的供给商业模式减少了分销环节的中间环节和浪费。在电子商务模式下，制造商可以直接销售给消费者，省去了批发和零售环节，大大降低了地租和劳动力成本；同时，在互联网的帮助下，生产商可以直接了解消费者的精准需求，实现“以销定产”甚至“以需定产”，减少了生产、储运环节的浪费、闲置。电子商务通过创新物流和仓储模式，大大降低了流通成本对价格的影响。

三、税收和融资成本对价格的影响

税收和融资成本通过从上游向下游、从生产者向消费者的价格传导影响价格。当供给弹性小于需求弹性时，税收和融资成本的大部分由卖方承担。供给老化的价格弹性较小，供给商议价能力较弱。这意味着税收和融资成本的上升会降低生产商的盈利能力。企业只能通过挤压利润、降低资产回报率的方式消化成本，税收和融资成本上升对价格的影响有限。

当供给弹性大于需求弹性时，税收或融资成本更多由买方承担。对于新供给，厂商的议价能力较强，税收或融资成本的提高，会带来迅速提价。例如，2009 年 7 月中国国家税务总局公布了《白酒消费税最低计税价格核定管理办法》，在从价税率不变（仍为 20%）的前提下，将税基（即计税价格）大幅提高，其中茅台、五粮液等知名高端品牌的计税价格被核定为各自销售公司对外销售价格的 60%～70%。消息一出，白酒市场价格出现了普涨。8 月 1 日该办法开始执行当日，沱牌曲酒率先提价，将旗下“陶醉”“舍得”系列产品售价上调 6.5%～10%左右。五粮液、茅台等高档白酒虽然没有明涨，但部分超市零售价却悄然上涨，并且由于代理商故意囤积，消费者担忧涨价大量购买，出现了零售环节供货紧张甚至断货的现象。税收对企业生产成本和定价行为的影响可见一斑。

四、预期对价格的影响

预期对于物价的影响体现在需求和供给两个方面：从需求侧看，预期会改变消费者的行为；从供给侧看，预期会改变厂商的产量安排。比如，棉花价格上涨，农场主根据过去的经验判断未来棉价还会继续上升，从而扩大生产，结果引起供过于求，价格不涨反跌。如果沿着同样的预期继续下去，那么在下一年农场主很可能会因为害怕价格继续下跌而缩减生产，结果引起供小于求，价格不跌反涨。如果需求方也对价格下跌形成预期，那么往往会延迟消费，进而导致供求关系的进一步恶化，价格出现继续下跌。

尤其在蛛网模型发散的过程中，预期会使得投机者或者囤积者加大供给波动。当供给增长速度远远小于价格上涨速度时，就有可能导致投资者或者厂商，在价格上涨时囤积现货，进而加剧供给紧张，使得供求缺口被迅速放大，需求方买涨不买跌的心理又扩大了需求；在价格下跌时囤积现货的投机商会在很短时间内集中释放库存，如同上涨过程中的供求缺口被放大一样，下跌过程中的供给过剩也会被一步步放大，进而使得价格进一步下跌。

如图 9—8，当价格受到供给成本、供给周期、供给升级等影响而波动时，价格呈现周期性波动，即 P 曲线；而供求预期加大了价格的波动区间，使得 P 曲线的波动更为剧烈，最终实际价格波动曲线为 P_E，呈现出超涨超跌的特点。

非理性预期也会影响价格。例如，2011 年日本地震引发的核泄漏恐慌蔓延至整个亚洲后，中国人被恐惧和恐慌所蒙蔽，误以为碘盐可以防辐射。结果，所有的超市、商店、农贸市场食盐全被抢购一空，影响了食盐的价格。

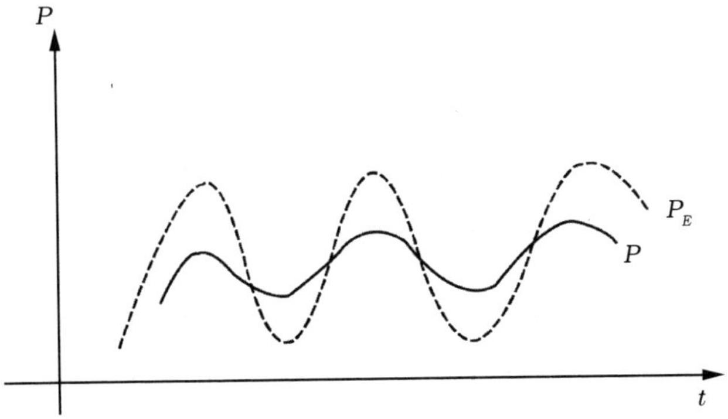

图 9—8　预期对物价的超涨超跌影响

可见，预期是物价超涨超跌的重要推动因素，一旦形成一致性预期，往往会出现偏离均衡价格大幅上下波动。合理引导预期，有利于平滑产量与消费量，继而降低物价的波动幅度。

五、货币供给量对价格的影响——单位产能的货币供给量

货币主义学派代表人弗里德曼认为，“通货膨胀是一种货币现象”。然而，根据新供给经济学认为，价格受货币供给的影响，但货币的增加不一定会导致价格上涨。

货币如高山流水，从山顶奔流而下，途经江河、汇聚溪流、灌溉农田，最终注入大海。同样的道理，新增货币需要经

过资本市场、资产市场、银行体系等多重市场的分流，最终才会注入实体经济，影响物价。

即使流入实体经济的货币增加了，物价也不一定会同比例增加。正如水量的变化并不能简单等同于水位的变化，还要进一步考虑水库的横截面积。单位面积的水量决定了水位上升的幅度。同样的水量流入横截面小的水库，水位就会大幅抬升，流入横截面大的水库，则水位变化就相对较小。单位产能货币量，是决定价格变动的关键因素。

假设某年流入实体经济的货币量为 100，对应的 GDP 总量为 50，单位 GDP 货币量则为 2。当流入实体经济的货币量从 100 提高至 150，对应的 GDP 总量从 50 增加到 80，单位 GDP 货币量却下降为 1.875。因为 GDP 增长对冲了货币量增加导致的物价上涨压力，且由于 GDP 增速高于货币量增速，物价水平不升反降了。

事实上，物价是否受货币影响还要看产能利用率的情况。

假设一个地区有 5 个人，每人每天支出 10 元钱，唯一的商品就是包子。一共有 10 家包子铺，每家最多只能生产 10 个包子，每个 1 元钱。但由于总需求只有 50 个包子，所以产能利用率只有 50%。

突然有一天，天上掉下来 50 元，每人手里多了 10 元，可以多买包子，但此时包子铺虽然发现需求增加了，但可能都不敢涨价，因为担心客户去其他包子铺，但包子铺开始扩大生产，产能利用率提高到 100%，即 100 元钱的总需求对应 100 个包子的总供给，一个包子还是一元钱；若天上此时又掉下来 50 元，形成真正的供求缺口，150 元去追逐 100 个包子，结果每个包子才有可能涨价到 1.5 元。

总之，对于新增的货币，只有流向实体经济的货币才会带来物价的上涨；对于实体经济的货币，只有超过单位产能货币供应量的货币才会影响物价。

第五节　新供给经济学的物价管理模式

一、新供给经济周期不同阶段物价波动的特点

新供给经济周期不同阶段的物价波动的本质在于供给创造需求的能力的不同，以及其带来的供给与需求关系的变化。

在新供给形成阶段，总供给依然大于总需求，经济整体仍是供给过剩，物价水平有下行压力。此时，无论是原材料、人工、融资或税收等供给成本升高，还是产业供给结构升级，总体物价水平都不会出现大幅上涨。但由于在新供给形成阶段，新供给与老供给并存，虽然物价总体水平不会大幅上升，但可能出现结构性变化。对于老化供给，其议价能力较弱，原材料、人工、融资或税收等供给成本的升高，往往通过厂商压缩利润来消化，对于总体价格影响较小；而对于新供给，尤其是盈利支持型新供给，议价能力增强，其价格反映了供给结构升级。如果供给成本出现大幅提升，往往会直接反映在终端消费品上，进而带来物价上涨。

在供给扩张阶段，一个单位有效供给创造 N 倍有效需求，物价水平有上涨压力，表现为比较明显的供给升级推动的物价上涨。在这个阶段，厂商的议价能力通常较强，原材料、人工、税收或融资成本中任一成本的上升，都可能带来物价水平的上涨。如果政府认识不到物价上涨的供给侧特征，而通过紧缩的货币政策来调控，其结果往往是导致企业的融资成本提高，进而成本转移到消费者，不仅不能平抑物价，反而会带来物价水平更大幅度的上涨。

在供给成熟阶段，总供给与总需求的关系出现反转，物价水平总体稳定，但随着供需结构的变化而上下波动。在供给成熟初期，供给创造需求的能力下降，但需求增速仍大于供给增速，总需求仍然大于总供给。此时，厂商仍有一定的议价能力，原材料、人工成本、税收或融资成本的冲击，仍然会反映在物价上，带来物价上涨；在供给成熟后期，由于存在供给的惯性扩张，但供给的需求创造系数小于 1，并不断降低，供给过剩，厂商议价能力较弱，供给成本冲击往往被厂商的利润压缩而消化，物价难以出现明显上涨。

与供给成熟阶段后期类似，在供给老化阶段，由于总供给大于总需求，当供给成本上升而产品价格却因供给过剩而下降时，企业可能会出现破产退出，整个经济体现出通货紧缩的特征。

二、稳定物价的根本出路是降低供给成本

物价受到原材料、人工、物流、融资和税收等供给成本的直接影响，任何一个环节供给成本的增加都有可能导致物价的大幅波动。在影响程度上，由于劳动力成本无法在生产链的各个环节之间分摊，只能计入消费品的价格，其对价格的影响远远超过原材料；对于间接融资占比较大的企业或经济体，融资成本的变化相对于税收的变化对经济或企业的影响更大。流通成本的变化也会影响价格，但其在总成本中所占的比例小于原材料。基于以上分析，供给成本对价格的影响可以按照如下顺序排列，越往上，对于物价的影响越大，如图9—9。

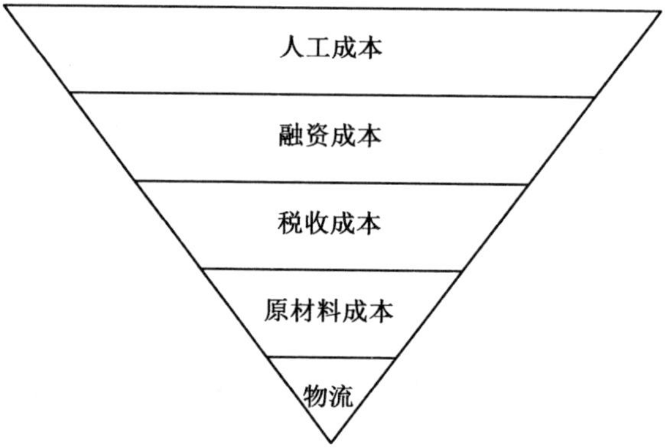

图 9—9 供给成本对价格影响的“倒金字塔”结构

基于供给成本对价格影响的“倒金字塔”结构，可以得出劳动力成本下降或劳动生产率提高对稳定价格至关重要。此外，融资、税收、原材料和流通成本的下降都有助于降低供给成本。而要素供给的约束和生产要素供给成本的增加会导致价格的波动。例如，对劳动力流动的约束，劳动力供给不足会推高其成本，可能最终导致一个经济体的价格上涨；对资源开发的约束，使得资源供给不足，提高了资源的供给成本，进而有可能导致原材料价格的暴涨。放松供给约束、降低供给成本是稳定物价的根本出路。

三、调整供给结构，降低供给周期对价格的影响

对于需求相对稳定，生产周期较长的产品，当厂商以小规模生产和独立决策为主，其价格与产量的波动往往呈现蛛网模型的特征，产生周期性波动。比如，农产品如果以“小农经济”生产为主，那么，农产品产量的波动更多受到上期价格的影响，其供给周期对于物价的影响也较为明显。生产周期较长的工业品也有类似的特征，以“小作坊生产”的工业品，其价格受到供给周期的影响较大。

一个经济体，当以“小农经济”或“小作坊生产”占主导的农产品或工业品在 CPI 中占比较大时，其物价水平必然会受到供给周期影响而呈现周期性波动。以中国为例，由于小农

经济结构，中国农户的种植行为或养殖行为较多受到上期农产品价格的影响，因而周期性供给波动较大，并造成相关食品价格大幅波动。2015 年中国居民物价消费指数 CPI 中食品占比 1/3 左右，这说明食品价格平均每上涨 3%，将推动 CPI 上升 1 个百分点。

平滑供给周期对于物价影响的有效方法是通过供给结构升级，扩大规模化生产，稳定各期产量。比如，美国早在 2004 年就基本完成了生猪养殖的现代化规模生产，规模化后美国的生猪存量总量维持在 6 000 万头左右，整体波动幅度不超过 10%，多数低于 3%左右。2010 年，美国前十二大养猪企业拥有的产能占全美国生猪产能近 42%，[①]高度规模化和集中化的生产，降低了产能的周期性波动，也使得美国的猪肉价格整体维持在稳定水平。

四、正确认识货币对价格的影响，做好预期管理

上述对资金流向的分析表明，资金可能流向资本市场和资产市场，也可能流向实体经济，即使是进入实体经济的资金，也不一定会导致价格成比例的上涨。因此，不能简单地看到 M2 增速高就得出货币超发的结论。只有货币供给超过

---

① 来源：美国人如何战胜猪周期，猪场动力网，2016－02－25。http://www.powerpigs.net/e/action/ShowInfo.php? classid=7&id=2909。

“单位产能货币供应量”，才会影响一般物价水平。

比如，20 世纪 80 年代，中国出现过的抢购风导致价格普遍上涨，计划经济时代的票证制度掩盖了长期的物质短缺。在票证制度取消之后，人们对日用品和家电的需求被释放出来，短时期的生产能力又不能满足需求，因而出现了价格的普遍上涨。在 20 世纪 90 年代，中国的日用品和家电供给能力大幅提高，到 2000 年已经满足国内市场而且有余，类似的抢购风再也没有出现过。

物价也会受到预期的影响，即使在货币不存在超发的情况下，一致性预期的形成也会导致物价出现大幅波动，呈现出“超涨超跌特征”。因此，正确认识货币的流向及对物价的具体影响过程，管理好预期，对于稳定物价具有重要意义。

五、摆脱控物价和稳增长之间的矛盾——增加有效供给

按照凯恩斯主义的总需求管理，通货膨胀就“踩刹车”紧缩货币；一旦经济出现下滑，就用“踩油门”的方法刺激经济。而当失业率和通货膨胀同时飙升时，总需求管理陷入两难。即使没有出现滞胀，控物价与稳增长也存在“两难困境”。

新供给经济学认为，当总供给小于总需求，物价有上涨压力，因此，控制物价上涨最有效的办法不是控制需求，而是

增加有效供给——这也是“稳增长”的最有力措施，不存在所谓“稳增长与控通胀的矛盾”。

美国的“页岩气革命”是一个很好的例子。2006 年之后，国际油气价格猛涨，即使国际金融危机也只是暂时打压了天然气价格上升的步伐，在 2009 年之后重拾升势。在油气领域价格高涨的刺激下，在美国的非传统油气领域爆发了“页岩气革命”，页岩油、页岩气的产能大幅增长，成为国际油气价格在 2010 年之后见顶，并于 2014 年大幅下降的重要原因。

页岩气革命能够在美国爆发，除了自然资源禀赋和科学技术能力方面的原因，还有一个更重要的因素就是在美国的油气开发领域不存在严重的供给约束，生产要素能够在价格信号的引导下，自由进入这一领域开展研究和开发。试想，如果在美国的油气领域存在供给约束，资源完全由少数油气公司垄断把持，那么高油价将不是开发非常规油气资源的动力，而是这些企业盈利的工具。

可见，只有优化供给结构，增加有效供给，才能从根本上解决凯恩斯主义关于控物价和稳增长的矛盾。

六、中国房价调控：抑制需求 vs. 增加供给

房价涨跌受到五大因素的影响：人口与移民因素、可支配收入、金融、资产配置及土地供给。从上述五大影响因素

看，城市人口的增加、收入的增加、金融杠杆的使用、家庭资产的配置都会影响房价，但为了长期抑制房价上涨，必须增加有效供给。

需求侧管理短期能够影响房价，随着城镇化进程的不断推进，从长期来看需求管理往往是无效的。一些限制政策只能让需求暂时受到压制，并不能从更根本上改变供需关系。比如，通过调整可支配收入和户籍、财产税政策来提高购房门槛。然而，这些措施只能在短期内抑制需求的释放，从长远来看，根本无法控制房价的上涨。

新供给主义经济学认为，解决房价上涨的办法在于供给结构改革。从供求均衡分析，供给的增加能降低均衡价格。其中，土地的供给是最直接影响房产供需平衡的因素。与多年前美国控制石油开采一样，中国实施了最为严格的耕地政策，严格控制用地指标。但是截至 2016 年 8 月，北京、上海、广州分别供地 325 万 m^2、355 万 m^2、133 万 m^2，与 2016 年供给指标 1 600 万 m^2、1 125 万 m^2、868 万 m^2 相比，只完成了 20％、32％和 15％。[①] 地方政府作为土地的一级市场供给方，一方面控制土地供给，一方面又通过行政手段限制住房购买，这是自相矛盾的。在增加土地有效供给方面，中国还有很大的改革空间。

① 孟万河：《增加土地供给，改变价格预期》，转引自滕泰主编《供给侧改革，下一步怎么办》，东方出版社 2016 年版，第 55 页。

房地产调控政策应多渠道增加土地供应总量。对于中国而言,所谓18亿亩耕地红线的合理性实际上是值得商榷的。可行的做法是:明确不同层次的土地产权,促进包括转让权、出租权、抵押权等在内的不同层次的土地产权交易;改进"招拍挂"、协议出让等制度,降低土地交易价格;改进土地征收和审批制度,增加土地供给效率;增加保障性住房和小户型住房供给,改善房地产供给结构。只有这样,才能从根本上解决城市居民住房问题。

Chapter

Nine

附编

与改革同行

一、改革思辨

新供给主义宣言

（原文发表于2012年11月9日和讯网）

导读

虽然从2005年以来，我就多次批评过多使用总需求管理政策、呼吁重视供给侧管理，但是在十八大以后，明确以《宣言》方式提出新供给的学术主张和改革主张，这篇第一次以“新供给”命名的文章，还是具有比较重要的意义。自那时开始，“新供给”“从供给侧推动改革”“新供给创造新需求”等理念不但越来越多地进入舆论视野，而且渐成潮流。有点遗憾的是，当时此文对总需求调控的批评过于苛刻，2013年、2014年以后我的学术观点有所转变，认为必要的总需求逆向调控还是需要的。2015年，又发表多篇文章中呼吁不能把供给侧改革同总需求调控对立起来。但为了保持7年前的文章原样，本文未做任何删改，文中对总需求管理的过度批评只代表当时那个阶段的认识。

凯恩斯主义和货币派交替误导中国

凯恩斯主义的全部理论基础都是建立在三大假设基础

上，即边际报酬递减、边际消费倾向递减和货币流动性偏好。如果这些假设都正确，需求不足一定会周期性出现，因此，凯恩斯主义认为政府必须阶段性通过财政政策和货币政策刺激总需求才能维持经济增长和就业。

而货币主义则坚信一切通胀归根到底都是货币原因造成的，因此，只要物价指数超过他们的舒适点，他们就毫不犹豫地要求政府紧缩货币。

在以上两种思想的交替指导下，每当经济增速有所下滑，中国决策部门就会高举凯恩斯主义的大旗，拼命刺激——"踩油门"；每当通胀有所抬头，决策部门就会举起货币主义的大旗，拼命紧缩——"踩刹车"。频繁地"踩油门"和"踩刹车"的结果，是经济周期也越来越短。

在每一轮财政和货币扩张中，传统产能过剩等经济结构性问题都越来越严重，中国经济对政府投资、低端出口的依赖都越来越强；而每一轮剧烈的紧缩，都伴随着金融垄断加剧、高利贷泛滥、中小企业的大批倒闭和股市的剧烈下跌。

此外，一旦决策部门把频繁的周期性调控政策当成其日常专职工作，就会对中国经济的深层次矛盾和长期增长动力问题视而不见，任其不断恶化。

……

事实上，中国经济整体平稳增长的主要动力，根本不是来自凯恩斯主义的政策刺激，物价得到控制也不是货币主义的功劳。

就增长而言，中国经济的增长动力源自中国人口本身的活力、城市化进程、资本和资源的持续投入、技术的进步和制度的改进——任何内部或外部的力量都不可能压制这种强大的内生经济增长动力。印度人说，我们的经济是在政府睡觉的时候偷偷增长的。中国呢？人们的确看到“政府之手”粘在中国经济列车的尾部，但到底是这只手在推着列车前进，还是列车在拼命挣脱这只手的控制而前行？

可怕的是，越来越多的人在看清了凯恩斯主义危害的同时，却错误地相信了货币派。比如，坊间流传的中国超发了多少万亿元货币，并严厉要求政府长期保持偏紧的货币政策，以防止通货膨胀。问题是，中国从20世纪90年代中期就逐步进入了“过剩经济”阶段。在制造业产能严重过剩的背景下，怎么可能有严重通货膨胀？货币主义同凯恩斯主义错误的根源同样在于他们只看到硬币的一面——需求，而不去分析硬币的另一面——供给。事实上，只有超出过剩产能的货币量才可能造成一般物价水平的上涨，连“单位产能货币供应量”都不去计算的货币派，怎么有资格谈论一般物价水平的上涨呢？

事实上，中国90年代中期以来的每一轮所谓通胀都只不过是“食品通胀”，而食品通胀的根源在于粮食、蔬菜和猪肉的周期性供给波动。尽管任何的货币紧缩都不能帮助母猪生小猪，但是货币派们照样一次又一次地选择在母猪大批生完小猪、小猪长大、猪肉价格大幅回落的时候，庆贺他们紧缩货币从而控制猪肉价格（China Pig Price）的光辉业绩，却从来没有人为高利贷泛滥、中小企业倒闭和股市暴跌承担责任。

好在越来越多的中国人开始厌倦了这种来回折腾，甚至玩游戏的人自己也厌倦了在上下一两个百分点的GDP增速和物价波动范围内，一会儿“踩刹车”，一会儿又“踩油门”。

然而，这些人放弃了凯恩斯主义的调控之手，却并没有放弃其对中国经济的不良影响：比如，当他们意识到其调控范围越来越窄，甚至玩不下去的时候，他们就宣称经济增速下滑是必然的甚至是理所当然的。因为按照凯恩斯主义的总需求分析框架，出口不可能长期高速增长，投资也不能长期高速增长，消费还面临着边际消费倾向递减，经济增速回落不是很自然吗？

此时，货币派也站出来帮着说话，“过去的高增长是印钞票造成的虚假繁荣；印钞票长期不能促进增长，所以中国经济高增长结束了”。

中国经济高增长的时代，真的结束了吗？

供给创造财富，新供给创造新需求

事实上，凯恩斯主义的被埋葬，在美国已经是30多年前的事了。尽管第二次世界大战以后以凯恩斯主义为指导思想的“罗斯福新政”的确对美国经济复苏起到了积极作用，但是持续扩张需求而忽视供给能力的增长，终于使得美国经济在 20 世纪 70 年代陷于“滞涨”的困境。

在中国，凯恩斯主义的三大假设其实都是不成立的：所谓边际消费倾向递减、边际报酬递减、货币流动性偏好等三大假设只存在于传统经济的传统产业领域，而在任何一次技术革命、产业升级、消费升级、城市化、工业化阶段，尤其对于中国这样的起飞经济而言，新技术、新产业、新需求、新资产结构都会阻止居民消费倾向递减，提高边际报酬，改变货币流动性偏好，推动经济的供给结构和需求结构不断进化，因此，用凯恩斯主义“三大定律”来长期看空中国是不正确的。

用投资、出口、消费总需求的分析框架看空中国同样是错误的。从本质意义上讲，需求仅仅是价值实现的条件，供给——创造财富的能力，才是经济增长的源泉。确切地说，制度、人口、技术、资本、资源五大财富源泉才是经济增长的根本动力。

中国 80 年代的经济飞速增长，很大程度上都是制度变革的结果。最典型的案例是农村“人民公社”到“联产承包责任制”的改革，在农村总人口、技术水平、耕地面积、资本等其他要素没有明显变化的情况下，仅承包制的改革就带来多少粮食产量的大幅度提高。

所以说，制度本身就是财富的源泉，制度变革也是生产力。中国的市场经济体制还不成熟不健全,中国的制度还孕育着巨大的改革空间。那些垄断的、管制的、国有的低效率部门一旦涌进自由市场经济的空气,就如同 20 世纪 80 年代、90 年代改革一样,一定能焕发出巨大的经济活力。

另一个能够支持中国经济长期增长的是人口要素。根据中国当前农村人均产出和城市人均产出比较可以发现,每一个劳动者从农村转移到城市就业,其对 GDP 的贡献增加 5 倍以上。那么,城市化率刚刚 50%的中国,还将有数亿人口进城市的中国,高增长时代怎么可能结束呢?

再比如资本,中国无论外汇储备还是国内居民和企业储蓄,都让那些发达国家羡慕。可是我们的这些丰富资本都充分“就业”了吗?为什么作为全球资本最丰富的国家,我国的企业和资本市场却如此的资金紧张?为什么在全球资本最丰富的国家,高利贷泛滥成灾?中国的金融系统到底是在储蓄者和企业之间架起了一座桥梁,还是挖了一道深深的鸿沟?中国的金融自由化和资本要素的解放,将带来多么巨大的增长潜力?

当然还有技术引进和技术创新。无论是全球技术向中国的转移,还是中国自主创新的技术进步,都还有巨大的空间,能够推动中国经济持续高速增长。

最后是土地和资源,中国不仅可以通过贸易的方式解决资源投入的问题,而且更面临着软财富时代的巨大机遇。农业生态财富的创造受制于耕地资源限制，工业硬财富的创造也面临着地球资源的约束，而以信息产品、知识产品、金融产品为载体的软财富创造却不受任何资源约束，只依赖于人的思维创造。类似于微软、苹果、Facebook 这样的财富创造难道还会受到土地和地球资源的约束吗？

可见，如果能够把眼光从短期需求移开，分析一下供给层面，就会对未来中国经济增长的潜力充满信心。事实上，连凯恩斯本人都知道，他的理论只适合短期经济周期分析，而不适合长期。当有人用长期问题来质问凯恩斯的时候，他幽默并有些偏执地说，“长期？长期人们都死了”。所以，对于那些用凯恩斯主义三大需求来分析中国长期增长的观点，连凯恩斯本人都会反对。

历史表明，任何一个国家的长期持续经济增长动力均来自供给端的革命性突破，而绝非现有经济结构下的总需求管理。200 年前人们对一匹更快的马的需求或许是有限的，殊不知汽车的诞生又能够创造多少交通运输的新需求？在乔布斯创造了风靡全球的苹果手机之前，这个世界对此类电子产品的需求原本是不存在的。如今每天离不开新浪微博或微信的中国人，他们在两年前对新浪微博或腾讯微信的需求也是不存在的。凯恩斯主义的总需求分析框架，仅仅看到老的产品需求不足而看不到新供给能够创造新需求，不是很可悲吗？

让财富的源泉充分涌流

在几百年的经济学说史上,所有长期增长理论都是围绕供给层面展开。比如,亚当一斯密的增长理论重点在于研究制度和社会分工的作用,熊彼特的增长理论重点在于制度和技术的创新,库兹涅茨的增长理论重点在于研究投入和产出的效率。

中国过去30多年的经济高速增长也是以上三种增长模式的综合体现。其中,20世纪80年代的制度改革开启了中国经济的"斯密增长"时代,而90年代以后更多的是持续的人力、资源、资本、技术投入所换来的"库兹涅茨增长"。展望未来,原有的库兹涅兹增长模式仍然能够延续,而且中国将进入新的"熊彼特增长阶段",包括技术和制度的破坏性创新(discruptive creation)都将成为经济增长的动力。此外,通过进一步深化改革,重启"斯密增长",更须从刺激新的有效供给着手,让一切创造财富的源泉充分涌流。

当然,重视供给、重视改革、重视释放经济增长的财富源泉,不要随意"踩刹车"或者"踩油门",并不代表政府在经济上不作为。从这个角度讲,新供给主义不仅区别于新自由主义,也区别于早期供给学派或70年代美国传统供给学派。

自由主义和早期供给主义都相信"萨伊定律"——供给创造自己的需求,认为人们在向社会提供商品的过程中自然会创造出多方面的需求。在信用货币制度下,不会出现购买力不足而发生商品过剩或需求不足的问题,因此,经济不需要人为干预。

诞生于20世纪70年代末的美国传统供给学派代表人物是芒德尔、拉弗、万尼斯基,以及肯普、罗伯茨等人。他们认为,在供给和需求的关系上,供给居于首要的决定性的地位;决定经济长期增长潜力的是供给而非需求,产出的增长最终取决于劳动力和资本等生产要素的供给和有效利用;经济研究的首要任务应当是研究如何促进生产、增加供给。

与早期供给学派不同的是,传统供给学派并不认为经济完全不需要干预,而是认为干预的重点是在于供给方面,而非需求方面。具体地说,就是通过财政政策,强化对生产活动的刺激和支持。当然,由于供给学派认为,企业家精神和自由市场是创造财富的关键因素,所以其提出的干预措施同自由主义比较接近,比如反对垄断、支持解除各种管制、主张经济的民营化和自由化。

以拉弗曲线为代表的供给学派理论重点研究了税收对经济主体的影响,认为减税特别是降低边际税率能够刺激生产增长,并且能够抑制物价上涨。他们甚至认为降低税率后政府税收长期反而会增加。为了推动减税,他们宣称无论是公共支出还是转移支付,都会效率低下,浪费资源,甚至阻碍生产。

带领美国经济在20世纪80年代走出危机的里根总统,

采纳了供给学派的主张(同时还有货币学派的控制货币供给主张)，唤醒了经济内在的巨大增长潜力，促进了就业，成功引领美国经济走出了“滞涨”的泥淖。重振英国经济的撒切尔主义也在刺激生产方面几乎完全采纳了供给学派的政策主张。在中国，从计划经济体制中脱胎出来的邓小平经济思想，坚持经济体制改革和对外开放，逐步推进经济上的自由化和市场化，其采取的承包制等刺激生产措施与供给学派殊途同归。

而建立在软价值论、软财富论基础上的新供给主义，着重于从财富创造源泉的角度挖掘经济增长的长期动力(参见《新财富论》2006 年版，《财富的觉醒》2009 年版)。

新供给主义认为，农业生态财富的源泉受制于地球表层生态环境、动植物生长规律、人们的生理需求等约束，其增长前景是有限的；同时，认为工业硬财富源泉因为受到地球非生态资源和人们的需求限制，其增长前景也是有限的；只有知识产品、信息产品、金融产品为代表的软财富增长空间是无限的。

新供给主义认为，在农业生态财富和工业硬财富的领域，无视供给和需求约束，盲目扩张生产必然造成产能过剩、资源浪费、环境不可持续等问题。只有大力发展软财富，增加新产品供给，才能不断优化供给结构、创造新需求，引导经济进入供给、就业、需求、创新互相促进、不断优化的良性循环。

新供给主义还认为，传统硬财富由于产能过剩一般不存在恶性价格上涨的可能，只有食品价格会因为供给冲击而周期性地上涨，因而控制物价的本质手段不应该是紧缩货币，而应该是增加新供给，包括食品供给、硬财富中的新产品供给、软财富供给。这样，既可以平抑物价，又可以促进经济增长，还可以推动经济结构调整，宏观政策两难矛盾彻底消除。

新供给主义主张大规模减税并优化财政开支，反对扩大低效率的财政支出，但是不支持无限度地夸大减税的效应——无论是财政支出还是减税，都应该重点支持新产业、软财富。

与传统供给学派一样，新供给学派主张破除垄断与管制，认为中国亟须进行新一轮类似90年代末期的大力度的国企改革，彻底释放被僵化体制长期压抑的增长活力。而搞活国企的本质手段是产权的民营化，只有民营企业才是市场经济体系中最活跃的财富创造主体。新供给学派认为，人口也是财富的源泉，这就要求政府进一步提高人口质量，促进人口流动，从控制人口数量转移到提高人口素质和劳动效率的道路上来，并主张逐步放开户籍制度，促进劳动力不断从农村转移到城市。

多年来，在凯恩斯主义和货币派的交替误导下，中国经济已经积累了很多深层次的问题。如果继续按照老套路“一脚油门”“一脚刹车”踩下去，中国经济原本良好的经济就可能错失良好的发展机遇。

我们此时提出新供给主义，希望更多人从财富源泉的层次看到中国长期增长的潜力；希望政府放弃短周期管理，着眼于解决经济运行中的中长期问题；我们反对完全的自由主义，主张政府刺激新供给、创造新需求；我们支持政府不遗余力地推动放松垄断、放松管制的进程，推进经济自由化、产权民营化；我们认为中国必须尽快压缩并严格限制政府支出，尽快从结构性减税过渡到大规模减税；我们相信，只要能够尽快启动经济体制和政治体制改革，让一切创造财富的源泉充分涌流，中国经济完全可以长期可持续高速增长。

供给侧改革须避免三大误区

（发表于 2015 年 12 月 9 日《英国金融时报》中文网）

为什么在此时明确提出供给侧结构性改革？供给侧结构性改革的要点有哪些？供给侧结构性改革该怎么改？要避免哪些误区，达到那些目的？笔者结合多年致力于新供给主义经济学研究的经验，谈一些个人的浅见。

扭转经济颓势、重聚改革共识的战略选择

2008 年、2009 年两年，中美两国的经济都比较艰难，但为什么在 2010 年以后，美国和中国的经济走势出现了明显的不同，美国经济靠什么迅速走出衰退，中国经济又为何出现连续 5 年下行？

实际上，尽管美国搞了量化宽松，但真正推动美国经济走出衰退的，是以苹果产业链为代表的新供给、新需求、新动力。2010 年以后，以苹果手机为代表的智能产业和移动互联进入全面的新供给扩张阶段，带动了美国消费的复苏、投资的复苏以及出口的比较大的反弹。2010 年以后，美国经济逐步走出了衰退，走出了危机，进入一个上升周期，重新成为拉动世界经济的火车头。

反观中国，2008 年推出了以“4 万亿”为代表的需求扩张政策。虽然 2009 年短暂快速反弹，但是 2010 年以后就进入

了持续5年的经济下行周期。中国经济为什么欲振乏力?就是因为有太多的产业处于供给成熟和供给老化的阶段。

十八届三中全会以后,就改革的深度和力度而言,无论是土地流转,还是人口户籍制度、科技创新体制、金融体制的改革,或者垄断行业的改革,离预期效果尚有一定距离。十八届五中全会之前,我在多个场合发表过题为《重聚改革共识,扭转经济颓势》的公开演讲。如何才能再次凝聚改革的共识?我认为,这个时候推动供给侧结构改革,不但抓住了经济运行的主要矛盾,而且也能起到重新凝聚改革共识、扭转经济颓势的战略性作用。

供给侧结构性改革的五大要点

供给侧结构性改革的关键究竟在哪里?我认为有如下五大要点:

第一个要点是刺激新供给、创造新需求,这是新供给主义经济学的微观理论基础,也是供给侧改革的基本出发点。

19世纪法国经济学家萨伊为代表的古典供给经济学提出,供给会创造自身的需求。新供给主义经济学认为,"供给创造自身的需求"是有条件的,只是在新供给形成和扩张阶段可以自发实现,在供给成熟和供给老化的阶段,供给就创造不了自身等量的需求。即便在新供给形成和新供给扩张的阶段,如果受到行政、税收等成本的约束,或者受到一些制度的抑制,供给也不能创造自身的需求,甚至很多新供给受到抑制不能形成生产力。而新供给经济学的任务，就是创造条件，放松供给约束，解除供给抑制，通过供给侧改革，让它具备这个条件。

未来的新需求和新供给在什么地方？在五大“软财富”领域，即知识财富、信息财富、文化财富、金融财富以及其他的社会服务业。为什么叫作软财富？这五大软产业的财富的源泉不是地球资源，办教育也好，拍电影也好，也消耗一点地球资源，但是主要的财富源泉是人类的思维和人类的活动，这代表了未来发展方向。这五大软财富领域在美国的领域中占79%，而在中国只占49%，差30个百分点。这就是我们的未来。

对那些硬财富的制造业怎么办？要通过转型升级，让传统硬财富制造业培育更多的软价值。我们都知道，全美国的公民都开着底特律生产的汽车，但是底特律的经济一片萧条。而与底特律汽车相关的产业，汽车装潢、汽车4S店、汽车金融、汽车广告都赚钱。与传统汽车制造业不同，有两家汽车商是赚钱的，一家是奔驰，一个是特斯拉。奔驰为什么赚钱？因为它的总设计师说，我们卖的不是汽车，我们卖的是艺术品，碰巧它会跑；特斯拉卖的也不是交通工具，卖的是环保，卖的是时尚。这也是新供给创造新需求。

第二个要点是从新供给经济周期出发优化产业结构。这是新供给主义经济学的宏观理论核心。

新供给主义经济学认为，技术和产业的演进、供给和需求结构的变化，以及供给与需求循环往复的交互作用是形成经济周期波动的主要力量。从供给端和供给结构变化出发，一个完整的经济周期可以划分为四个阶段：新供给形成阶段、供给扩张阶段、供给成熟阶段、供给老化阶段。如果一个经济体中大部分行业处于新供给形成和扩张阶段，这个经济就会充满活力，其经济增长速度就会提高，整体运行趋势是向上的；反之，如果一个经济体的较多行业处于供给成熟和供给老化阶段，这个经济体的活力就会下降，其经济增长速度就会降低，整体运行趋势就会向下。新供给主义经济学认为，任何一项社会主流技术和主流产业，早晚都会进入供给成熟和供给老化阶段，因此，无论通过财政政策、货币政策刺激总需求，抑或是通过计划手段增加或抑制老供给，都不可能从根本上解决技术周期和供给老化问题。同样，当一个国家的经济结构出了问题，有太多处于供给成熟和供给老化阶段的产业，那么，无论是刺激需求还是“五年计划”，都无法改变经济结构转型的问题。

在实践中，真正有效正确的做法是通过“放松供给约束”的系列政策大幅度降低企业生产成本，打破生产销售僵局，让市场通过成本价格传导机制快速消化过剩产品，在较短时期内恢复均衡，并通过要素转移更新供给结构。新供给创造新需求，不仅在宏观上是恢复经济均衡的必然循环，在微观上也一样。比如 iphone 手机，在乔布斯创造出 iphone 手机之前，世界对它的需求原本是不存在的，而一旦 iphone 手机面世，新的需求就被源源不断地创造出来。一旦资本、资源、劳动开始向新供给集中，老产业的产能过剩将自然消除，整个经济不但恢复均衡，而且将开始新的增长。

新供给主义经济学认为，供给与需求动态均衡的打破属于经济增长过程中的阶段性、局部性问题，技术扩散和产业生命周期密不可分。生产过剩是相对的，阶段性和局部的供需矛盾可以随着资源逐步向新产业领域配置而消解。当宏观经济从供给到需求的传导过程遇到阻碍时，既不应当用带有计划经济色彩的手段比如产业政策去彻底破坏市场机制，也不应当用传统凯恩斯主义的手段人为扩大旧产业和旧经济的总需求，而应当通过“放开新产业供给约束、减少新经济供给抑制”的方式，为市场释放新供给创造条件，引导新供给创造新需求，最终通过经济供给和需求结构的调整，让经济回到“供给自动创造需求”的理想运行轨道，恢复“供给与需求的自动平衡机制和最终均衡状态”。

第三个要点是放松三大供给约束，恢复中国经济的活力。

当前中国经济受到三大供给约束：高行政成本约束、高融资成本约束和高税收成本约束。2013 年上半年，我们重点呼吁放松高行政成本约束，主张让政府减少行政审批，放松垄断,放松管制。新一届政府近年来这方面做了很多工作,大力降低企业居民生活和创业的行政成本,取得了一些进展,但是在放松垄断方面,还有很长的路要走。2013 年“钱荒”以后,新供给主义的政策主张重点转向降低融资成本,一直到 2014 年 5 月,国务院常务会议才提出来降低融资成本,11 月才真正降息。从 2015 年 3 月—7 月,才开始看到融资成本有所降低,但从国际比较来看,仍属偏高。最近一段时间,我重点呼吁大规模减税,放松高税收成本约束。在李克强总理的座谈会上,我提出减税 3 万亿元,减轻企业负担,激发投资和消费活力;同时发债 3 万亿元,吸纳社会闲置成本,解决现在资产配置荒的问题;同时还可以在未来还债时降低经济过热,熨平宏观波动,可以说是“减税发债,借力未来,一箭三雕”。

第四个要点是解除对五大财富源泉的供给抑制,提高中国经济的长期潜在增长率。

从新供给主义经济学的角度来看,当前在人口与劳动、土地与资源、资本与金融、技术与创新、制度与管理这五大要素上,都有很多供给抑制,使之无法充分发挥作用。例如,2012—2014 年,我们重点呼吁放松计划生育政策,目前来看,二胎生育限制已经全部放开了。但是,还有户籍方面的问题,使劳动力无法自由流动。农村的人均 GDP 和在城市的人均 GDP 差 5 倍,那就意味着一个人从农村到城市工作的话，财富供给增加了 4 倍。如果劳动力从农村转移到城市，还面临着教育、社保、医疗等方面的歧视性待遇，怎么促进经济增长？未来户籍制度改革是一个重点。再比如，企业社保保险等成本偏高，假设企业给员工发 2 万元薪酬，可能到他手里只有 1.4 万～1.5 万元，那几千块钱在当期就沉淀下来了。经济低迷的时候，却又有大量当期收入沉淀在社保或保险账户，变成几十年以后才能使用的消费，对企业和整个经济来说都是损失。怎么样降低社保或者其他方面的缴费比例，也应该进行研究。

土地方面，现在土地价格高涨，也使得很多企业背负了沉重的压力。有数据显示，2015 年三季度末，全国 105 个监测城市的地价，综合地价已经达到了 240 万元/亩，商业用地 447 万元/亩，住宅用地 361 万元/亩，工业用地也有 50 万元/亩。在北京一般用途的土地价格有很多达到每亩千万元以上，这么高的价格，企业怎么负担得起？现在土地都不能确权，很难推动流转，土地和资源的利用效率怎么能提高？

还有资金方面，有民营企业家以亲身经历比较了中美两国的制造业成本，最便宜的国内借款成本年利率 6%，是美国成本年利率 2.5%的 2.4 倍。为什么我们的居民储蓄和外汇储备全世界第一，利率还是全世界偏高的？严重的金融抑制。其他还有科技创新体制、教育体制、国有企业体制，究竟应该怎么改，才能激发各方面的活力？这都是要重点探讨的问题。

第五个要点新供给主义经济学的房价、物价管控政策，以及“按要素贡献分配”的主张。

新供给主义经济学认为，房价、物价管控政策都应当以“优化供给结构，提高供给效率”为核心。中国房价持续上涨，调控效果多年不达预期，其原因就在于政策着力在打压需求，而不是扩大房地产的有效供给。新供给主义经济学认为，未来只有从供给侧着手，以“优化供给结构，提高供给效率”为核心，增加保障性住房供给、增加房地产土地供给、改善房地产供给结构，才能从根本上解决城市居民住房问题。

对物价的调控也一样，中国从1996年以后就告别了短缺经济，进入过剩经济阶段。在产能过剩的背景下，物价波动的根本原因并不在需求方面，而在供给方面。十多年来的每一轮通胀几乎都由原材料涨价、工资成本推动、食品供给冲击等供给方面原因造成，而政府却一次又一次地通过紧缩总需求去进行干预，结果难免误伤经济。

我在2010出版的《透视通胀》一书中详细分析了中国物价的驱动结构。书中指出，过去10年70%以上的CPI波动都来自食品价格变化，而在居民对食品的需求总量基本不变的现实下，食品价格波动主要来自供给总量波动和供给结构变化；研究还表明，假定我国每年平均工资上涨15%，将推动CPI上升1.94个百分点；假定原油等原材料价格上涨15%，对CPI的影响只有0.2个百分点；此外，较高的流通成本也是造成物价上涨的重要因素。

新供给主义经济学认为，增加有效供给，既能够挖掘增长潜力，也能够平抑物价，不存在所谓“稳增长与控通胀的矛盾”。新供给主义经济学从供给面去管理物价的措施包括：降低税收成本，控制人工和原材料成本上升的速度，稳定农产品生产和供给机制，控制流通环节费用，建立稳定的消费品物价形成机制。

新供给主义经济学认为，收入分配机制应当以“供给要素贡献和边际报酬”为核心，并由此提出了收入分配改革政策的六个核心主张：(1)遏制公共权力直接或间接参与财富分配。从未创造任何财富的行政权力参与财富的分配不仅是腐败的源泉，也会影响到其他要素创造财富的积极性。(2)减少垄断对财富的瓜分。很多看似利润丰厚的企业，其实是靠垄断获取财富，这也是严重的收入不公平问题。反垄断、放松管制，促进市场自由化、产权民营化，不仅是“放松供给约束、解除供给抑制”的必然要求，也是促进公平收入分配的必然选择。(3)控制利用公共资源过度获取个体收入的现象。比如，对于在经济制度不健全的阶段通过各种方法占有的土地和矿产资源、公共设施资源、海洋空间资源等等，应通过以资源税为代表的税收政策予以调节，促进公平和效率。(4)对于创业企业或雇员人数、销售收入较小的小微企业应大范围免税。比如，是否可考虑对符合某些条件(如雇员在

20 人以下、销售收入在 100 万元以下)的创业型企业在一定的创业期限内全部或部分免除所得税?只有这样,才能刺激新供给、创造新需求。扶持大批小微企业成长、做大以后,政府的税收总额甚至还会增加。(5)政府可以通过税收调节收入分配,但调节的重点应该是严重偏离要素边际报酬的收入,比如房产持有和遗产继承等等。(6)无论是公共投资还是转移支付,长期来看都是低效率的,因此,应该尽量减少公共支出和转移支付。

现在中央和国务院已经提出,如何加强供给侧结构性改革,着力提高供给体系质量和效率的问题。我们认为,越是供给抑制和垄断、管制厉害的地方,供给侧改革就越有意义。应当沿着土地与资源、人口与户籍、科技与创新、制度与管理、资本与金融五大财富源泉,和几大重点行业(医疗、能源、教育等等),一个个领域研究下去,得出一些建设性的可操作性的成果,才能真正推动供给侧结构性改革。

供给侧改革的三大误区

供给侧结构性改革提出来之后,媒体广泛报道,社会上也高度关注,这是好事。但是,在今后的学术研究和政策制定中,需要避免三个误区:

第一个误区就是不能把供给侧结构性改革停留在概念和理论层面。炒概念救不了中国,2012 年,我们发表《新供给主义宣言》,当时的供给侧改革的确需要引起关注,撕开一个口子来推动这个概念。现在媒体上很多讨论还是在炒概念，这就没有意义了。我们不能停留在概念和理论层面，应该把供给侧结构性改革推向深入，落到实处。

第二误区就是不能让供给侧结构性改革回到计划经济或产业政策的老路上。我看到有报道说，供给侧改革就是新计划经济，这显然是误解。但是，在实际方面，确实有很多学者还是在用政策之手来拨动经济，“这个产业是老的，应该怎么淘汰；那个产业是新的，应该怎么鼓励”——直接伸手了，这样就弄错了。供给侧结构性改革的关键，还是要把握住“放松供给约束，解除供给抑制”的理念，让财富源泉自主发挥活力，充分涌流。

第三个误区就是不能把供给侧结构性改革和需求管理对立起来。不能说研究供给侧改革结构性就是要彻底否定需求管理。3 年前我写文章的时候，对凯恩斯主义确实有反对，但是现在不必再反对了。现在西部投资、民生改善方面还有很大的空间，需求领域也有很大的作用，不能将二者绝对对立起来。

总之，我觉得要避免这三个误区，一不能炒概念，二不能把供给侧结构性改革误解成新计划经济，三不能把需求和供给对立起来，这样才能建设性地把供给侧结构性改革推向深入，真正开启中国经济新的增长周期。

不能用供给侧管理代替供给侧改革

（发表于2017年8月15日《英国金融时报》中文网）

2015年，中央提出供给侧结构性改革，抓住了当前阶段中国经济的主要矛盾，毫无疑问是正确的战略决策。然而在执行过程中，部分地方政府和管理部门却出现了片面和选择性落实的问题：对那些真正触及生产关系层面，刀刃向内改自己的改革要求视而不见；只热衷于那些刀刃向外干预市场和企业的措施，正在逐渐背离供给侧结构性改革的初衷。以一度执行偏差最严重的“去产能”为例：“去产能”的初心是去“僵尸企业”，“去产能”的本质是结构性的供给管理而非改革措施；“去产能”层层加码乃至扩大化的结果是扭曲市场信号、造成不合理的利益再分配、转移改革视线并最终干扰供给侧结构性改革的全面深入推进。因此，有必要发起改革之辩，探讨究竟什么才是衡量供给侧改革成效的根本标准。

“去产能”扩大化及其影响

2016年以来，中国部分能源、原材料价格持续大幅上涨，焦炭、焦煤、螺纹钢、铁矿石价格一度都曾出现翻倍甚至两倍的上涨。在总需求基本稳定的背景下，真正引发上述能源原材料涨价的，并不是什么新周期，而是“去产能”政策扩大化造成的供给收缩，以及以此为基础的投机炒作。在不断强化的“去产能”供给收缩预期下，这些所谓“过剩”产能行业的产品，居然像几十年前供应短缺时代的产品一样成倍暴涨，不但严重扭曲了市场机制和价格信号，影响经济的复苏，而且还无形中造成了三个财富再分配：第一个财富再分配，是下游制造业成本上升和上游能源原材料企业利润暴涨导致的财富再分配；第二个财富再分配，是中小民营企业利润受挤压和国有大型企业盈利大幅扩张导致的财富再分配；第三个财富再分配，是国内产能被人为压缩，大宗商品进口成本上升，造成国民财富向外流失。

对那些上述财富再分配中获益的企业而言，从天而降的“大馅饼”对于提高企业的长期竞争力也未必是好事，反而会削弱改革的动力，为下一轮问题埋下隐患。而每一次去产能扩大化，都造成一轮大宗商品和相关资产的价格暴涨；每一轮暴涨和获利者的狂欢，在扭曲市场抬高制造业成本的同时，更是迅速滋生聚集了巨大的利益链条和相关领域的寻租机会——这些现象对供给侧改革的影响和伤害不容忽视。

“去产能”扩大化的本质——刀刃向外、层层加码的供给管理措施

“去产能”这样的供给侧管理政策如果不偏离其初衷，还是有一定的积极意义的。例如，“僵尸企业”往往是依赖银行贷款，甚至是政府补贴生存，其生产的产品靠市场力量消化不掉，却还在不停消耗社会资源。2015 年提出的“去产能”措施,最初是针对如何去过剩产能让这些“僵尸企业”退出市场,从而释放其占用的生产要素,让市场在资源配置中发挥决定性作用。这对提高经济活力是有好处的。但是,从理论和实践的角度,“供给侧管理”一不小心就容易与计划思维、行政手段相联系。不少地方政府和管理部门过度依赖行政手段“去产能”,通过做计划、定指标、下文件等强迫命令的办法“去产能”,或者通过层层加码的各项非经济标准和手段推进“去产能”,造成了“去产能”扩大化。如果让群众认为这就是“供给侧改革”,显然与“供给侧改革”的初衷越来越远。

事实上,无论是什么侧、什么性的改革,只要不是针对经济体制自身的改革,不是改革生产关系中不适应生产力发展的部分,不改革政府管理经济的方式并让市场发挥决定性作用,都不是真正的改革。从经济政策本质上来说,“去产能”政策只不过是一种供给侧管理措施,属于结构调整或“计划调控”范畴。供给侧或需求侧的调控措施,对保障经济平稳运行虽然也有一定必要性,但无论供给侧还是需求侧的“调控”,都不属于“改革”范畴。如果把“去产能”,甚至扩大化的“去产能”这样的供给侧管理当作供给侧改革,而不触及经济体制和生产关系层面的问题,一方面会造成严重的市场扭曲和利益再分配;另一方面,也转移了改革的重点,还引起了各界对改革的疑虑,让市场和学界误认为,所谓供给侧改革实际上就是政府伸手干预企业。

衡量供给侧改革成效的根本标准——解放和发展生产力

“供给侧结构性改革”抓住了中国经济“供给结构老化”的主要矛盾,毫无疑问是正确的战略性选择。究竟什么才是衡量供给侧改革成效的根本标准呢?试想,10年、20年以后回头看,后人一定会对今天的供给侧结构性改革成效做出评价:届时评价的标准是去掉了多少煤炭、钢铁、水泥的产能,铁矿石、焦煤、焦炭的价格上涨了多少,还是通过放松行政性供给约束、解除要素供给抑制,在多大程度上解放和发展了生产力?对此,习近平总书记曾经指出,“供给侧结构性改革,重点是解放和发展社会生产力,用改革的办法推进结构调整”。就像中央经济工作会议指出的,“我国经济运行主要矛盾仍然是供给侧结构性的,必须坚持以供给侧结构性改革为主线不动摇,更多采取改革的办法,更多运用市场化、法治化手段”。

显然,改革是针对束缚生产力的经济体制展开的,要改政府自身管理经济的方式,只有对生产关系的调整、改革,才是真正的改革;只有那些让市场在资源配置中起决定性作用,从供给侧解放和发展生产力的举措,才是真正的供给侧结构性改革措施。因此,在多大程度上解放和发展了生产力,才是衡量供给侧改革成效的根本标准。习近平总书记曾指出,“全面深化改革,首先要刀刃向内、敢于自我革命,重点要破字当头、迎难而上，根本要激发动力、让人民群众不断有获得感”。只有正确认识了供给侧结构性改革的原理和出发点，明确了衡量供给侧改革成效的标准，才不会把供给侧管理等调控手段当改革，衡量供给侧改革成效的根本标准是解放和发展生产力。

二、学界评述

最早呼吁供给侧改革，学者推荐新供给主义

导读：

2012年11月上旬发表的《新供给主义宣言》，也被收录在当时刚刚定稿的《大周期》一书中。该书定稿后，华生、贾康、范剑平、巴曙松等学者在2012年12月应邀为该书写了推荐语，其中华生先生、贾康先生的推荐语都特别提及"新供给主义"或"新供给学派"的学术思想。虽然该书原定于2013年2月上市，但是在2013年1月5日即公开召开了新书发布会上市。

自从改革开放之后的 20 世纪 80 年代中期引入西方宏观经济理论以来，虽然为中国经济平稳健康发展作出了贡献，但是也同样存在因过度重视周期管理从而忽视了拓宽财富源泉的深层次问题。滕泰博士从多年参与宏观经济预测和政策建议的实践角度出发，提出中国需要“新供给主义”或“新邓小平主义”的制度改革措施，使中国经济成长立足于内生的“熊彼特增长”和“斯密增长”，值得读者思考。

——华生 燕京华侨大学校长、著名经济学家

滕泰博士是少壮派经济学家中的佼佼者，他对宏观经济和金融市场的研究有着历史的深度和全球的广度，对中国宏观经济周期、人民币汇率和黄金价格精准做出的预测在本书中都有案可考，已得到了很好的检验。他对物价的预测分析有独树一帜的理论与实证研究，相关成果无论对学术研究还是政策参考都极具现实意义。本书中有其对经济周期预测的得失体会，也包括了他本人对凯恩斯主义的反思，其提出的“新供给学派”的学术创新思想，以及对未来不同金融市场的展望，都很值得一读。

——贾康 财政部财政科学研究所所长

刘吉、范必、徐林、华生、巴曙松等学者推荐滕泰的《供给侧的觉醒》

几年前，当广大经济学家都在谈论中国经济发展在有效需求的时候，滕泰博士首先提出有效供给问题，发表了“新供给主义宣言”，这是十分难能可贵的。此后，他持之以恒地研究了中国供给问题，提出许多改革的建议，展现了一个学者严谨的科学态度。现在，中央已决策供给侧改革，滕泰博士系统地总结了自己的研究成果，出版了这本书。这本书的价值是不言自明的。我作为最初的读者，特此郑重推荐。

——中欧国际工商学院名誉院长　刘　吉

滕泰先生是中国新供给经济学创始人之一，其新作《供给侧的觉醒》运用新供给主义经济周期理论，总结了财富生产、创造、流动与分配的规律。全书既有深刻的理论阐述，也有丰富的史料佐证和生动的案例分析，不少判断令人耳目一新。在中国经济增长动力转换之际，无论对于政策研究还是厂商决策，本书都是一部极具启发和参考价值的佳作。

——国务院研究室巡视员　范　必

从供给角度重新审视和研究在现代信息社会中的财富创造,通过制度改革和政策调整放松供给约束、解除供给抑制,是一个有启发性的思路。本书作者滕泰先生已经在这个领域做了多年的持续努力,此书值得一读。

——著名经济学家 华 生

我国从1997年亚洲金融危机后开始持续实施扩大内需的政策,滕泰博士是国内最早指出需求管理政策局限性,呼吁实施供给侧改革的经济学家。在《供给侧改革》一书后再著《供给侧的觉醒》,进一步丰富了其政策分析和主张,值得一读。

——国家发展和改革委员会发展规划司司长 徐 林

滕泰博士以其敏锐的判断能力和对实际经济运行状况的深入思考,在2012年就针对中国经济转型的特定环境,大胆地提出经济政策重点需要转向供给侧改革,随后他和一批学者聚焦在这个领域,积极进行立足于中国经济运行的供给侧改革的理论分析框架的构建,取得了有目共睹的研究成果。如果说研究者只是用不同的方式来解释世界,而问题在于改变世界,那么,在中国经济转型的不断深化中,如何积极将这些研究成果应用到实际决策之中,并不断推动研究的深化,将是更值得期望的。

——中国银行业协会首席经济学家、

香港交易所首席中国经济学家　巴曙松

2016 年 4 月

从新供给主义到供给侧改革
——读滕泰、范必等《供给侧改革》

(作者:魏延安发表于2016年3月11日)

2015年底最热的新词当非“供给侧”莫属。习惯了“三驾马车”拉动经济的人们突然发现,“供给侧”如横空出世一般扑面而来。幸好,早在两年多前我已经拜读了新供给主义的代表人物之一滕泰先生的作品——《民富论:新供给主义百年强国路》,算是对此有些准备。当时作者就认为,中国经济受到高税收、高社会成本、高垄断、高管制等“供给约束”,只要通过减税、降低社会成本、减少垄断、放松管制等措施,放松“供给约束”,就可以提高经济的短期增长率。从长期来看,中国经济在人口与劳动、资本与金融、资源与产权、技术与创新、制度与分工等五个方面都存在“供给抑制”,只要通过放松人口生育控制、放松户籍制度、减少资本与金融管制、优化土地与资源产权结构、推动国有企业等低效率领域的制度改革等措施,解除“供给抑制”,就可以提高经济的长期潜在增长率。最近又经此书《供给侧改革》的阅读,进一步梳理了供给学派的脉络,让供给侧改革的前世今生更加清晰起来。

供给与需求

首先从供给说起。供给与需求乃是孪生的兄弟，不可分离，共同构成了人类经济。二者的关系可以用矛盾学说简述之。

其一，供给决定需求，或者说生产决定消费。加强供给则促进需求。俗语说，有个卖什么的，就有个买什么的，与此道理相通。古典供给学派的出发点就是供给自动产生需求。

其二，需求又反作用于供给，促使供给因需求而做调整，如果不符合需求则可能造成无效供给。

其三，理论上供给与需求总是匹配的，但现实中却常常阴差阳错，如何让二者完全匹配、协调起来，由此成了经济学的重大课题，为之而形成的学说与理论成果用汗牛充栋形容也不为过。

其四，供给与需求的矛盾统一关系始终处于变化中，因时因势而不同。往往社会生产力落后之际，供给便是矛盾的主要方面。比如，新中国成立之初的百废待兴，还有改革开放后的遍地开花，都是供给严重不足的表现。但当供给能力不断提升后，供给与需求的矛盾缓解直至打破平衡，则需求又成为矛盾的主要方面。1996 年后主攻的“三驾马车”——投资、消费、出口，都是供给大幅拉长后需求侧的动作。那么，到了今天，矛盾的主要方向又回到了供给侧。

供给主义与新供给主义

再说供给主义。供给主义可谓是一个古老的经济学派，其核心的要义是，供给自动产生需求，供给也会主动与需求相匹配，政府要回归到“守夜人”的角色，不要干预经济发展，这与自由主义经济学说的主张是高度类似的。然而，无情的现实是，靠市场的自我调节来实现供给与需求匹配总是那么不理想，甚至还很糟糕。于是，相对于供给主义的凯恩斯主义才开始登场，在帮助美国摆脱1929年经济大危机中一举成名。然而，凯恩斯主义作为一种拯救危机的紧急措施是可以的，却难以作为常态化的政策，一旦经济进入平稳，则凯恩斯主义的主张就显得不合时宜。学界认为，美国的里根主义、英国的撒切尔主义，不管是减税也好，还是国企私有化也好，核心还是在供给侧改革上做足了文章，纠正了凯恩斯主义的弊端，释放了市场活力，从而促进了经济发展。

而新供给主义是针对供给主义的弊端，对市场失灵要做适当的矫正，又要防止政府管制过多的一种改良性主张。其核心前文已经提到，就是要改革政府与制度，释放制度红利。也就是说，政府仍然需要在解除供给约束、解放生产力等方面扮演重要角色，但政府对经济的干预必须置于严格、透明的制度约束之下，让市场对资源配置起决定性作用。

从新供给主义到供给侧改革

根据目前的研究，“供给主义”不是新名词，但“供给侧改革”是新名词。简而言之,是在借鉴供给主义学派理论的基础上,从供给侧进行生产关系调整的一系列举措,其重点在于上层建筑的调整,即改革政府、改良制度、改善政策供给,最后达到改进供给侧的目标。中共中央将供给侧改革高度浓缩为“三去一降一补”,即去产能、去库存、去杠杆、降成本、补短板。显然,中共中央是结合了中国的实际,对供给侧改革进行了深入研究,最终提出的改革要点,既通俗易懂,又抓住了矛盾的主要方面。

何以中国要现在推出供给侧改革,主要还是经济发展的现实要求。因为连续的需求端改革措施,效果越来越不明显,甚至形成了新矛盾。比如,2008 年的 4 万亿,确实救了急,却也留下了历史包袱。不仅仅如此,进一步在需求端用力,也面临严峻的资源环境压力。所以,必须回归到以人为本的出发点上,从需求的现实倒推供给侧的调整。而为了调整,需要政府相应的改革措施,这也就是供给侧改革了。

供给侧改革一经提出,各方迅速兴起学习的高潮,各行各业的供给侧改革方案也纷纷出炉。甚至一些学者已经开始用供给侧改革来解释中国历史上一些王朝的衰亡教训。在此情况下,就需要警惕了,一如滕泰先生的担心,不能光热炒概念。现在一个词出来,很快就被玩坏了。如果是社会流行词语玩坏了倒不要紧,而作为一个关乎重大经济政治问题的词汇，绝对不能来半点游戏。所以，供给侧改革必须注意以下五个不良倾向：

第一，要防止把“供给侧”当成筐，什么都往里装。不能不深究概念与内涵，更不能是不是供给侧的问题都往这个方向靠，赶流行。

第二，要防止不明就里，盲目跟风，生搬硬套。把供给侧符号化、抽象化，简单粗暴地理解与执行，可能适得其反。

第三，要防止从一个极端走向另一个极端，非此即彼，矫枉过正。今天的情况只是更需要在供给侧下功夫，但绝对不是不要需求侧了，调整供给与适度刺激需求，二者紧密配合才更加科学可行。实际上，中央在讲这个问题时也表达得很清楚，“在适度扩大总需求的同时，着力加强供给侧改革”，绝对不可断章取义。

第四，要防止“一根筋”“猛刹车”。中国这么大，经济社会发展的惯性也很大，正所谓“船大掉头难”，绝对不可能像俄罗斯那样搞“休克式疗法”，一心在供给侧下猛药，有可能造成老供给下马了，新供给上不去，反而影响需求，要有条不紊。

第五，要防止急躁情绪。就像现在的股市，争着要“V”型反转的话，那就必须采取非常措施，一个股市的剧烈波动就造成了经济社会的重大影响。如果经济社会发生这样的波动，那影响就更大了。所以，“U”反弹更合理些，甚至“L”型的稳定增长也能接受。现在就是震荡筑底的时候，需要大家多些耐心和实际行动。

从供给侧改革出发，就更能看出大众创业、万众创新的重大意义和深远影响。现在的小创业者将来可能就是新的业界巨头，现在看来不起眼的小发明将来可能影响世界，苹果手机的案例和众多互联网创新的故事已经证明了这一点。这就是新供给的未来，也必将催生新需求。

促进大众创业、万众创新，就必须采取一系列的改革措施，创新政策，改良制度。比如，一个让中小企业头疼的税收问题，如何让这些小不点更好更快地长大，补贴扶持是一方面，而减税降成本是同样重要的另一方面。有研究表明，如果将小微企业纳税起征点从3万元提高到10万元，将会增加284万个就业岗位，小微企业死亡率降低的效用趋于稳定。再比如，不断上升的人工成本问题，有自然抬升的因素，还有制度提升的因素，像“五险一金”带给企业的压力就比较大，而员工还不领情，特别是农民工更不积极，年轻人还觉得不划算，一些专家已经呼吁适当下调标准。

一系列政策的调整，关键要看市场主体的需要，绝对不能把市场主体最希望取消的制度约束还留着，却把最不希望取消的制度保障取消了。简政放权，绝对不是不管了，随你便，把基本的公共服务也丢掉了，而是简约而不简单。更重要的是，信号如何防止不衰减、不变形，能从上到下原原本本地贯彻到位并落实到基层，这已经不是供给侧改革的内容了，而是政府作风的问题了，更显供给侧改革的复杂。但无论如何，今天必须迎难而上了！

让去产能与培育新动力两条河流汇合起来

——读滕泰《新供给主义经济学》

（作者：董希淼）

“生于忧患，死于安乐。”这虽然是孟子用来论述个人发展和国家兴亡的名言，但有时也适用于思想领域。一些重要学说往往在经济与社会巨变甚至危机之时诞生。比如，在经济学思想史上影响深远的凯恩斯主义，其产生和发展的背景便是 1929—1933 年世界经济大危机。

2008 年全球金融危机之后，世人都在反思经济学以往的成果和理论框架，以“需求管理”为主的政策实践受到质疑。在我国以 2012 年 11 月滕泰发表《新供给主义宣言》为标志，主张供给侧改革的“新供给”学说应运而生，从经济理论和政策两个层面探求中国经济发展新动能。

滕泰在《新供给主义宣言》中提出，我国宏观政策不能仅限于总需求干预，而应更多重视供给侧。因此，他提出了“淡化总需求管理，从供给侧推动改革”的宏观政策主张，并相继发表了系列文章。而在此后不久，贾康发表《中国式新供给经济学》，相继提出“八双五并重”等经济政策建议，以此构建和发展以改革为核心的“中国式新供给经济学”。

滕泰和贾康是我国“新供给”学说两大代表人物，其思想与主张各有千秋，多有大相径庭之处，也有异曲同工之妙。从《新供给主义经济学》这本“新供给”学说集大成之作中，我们可以读到新供给主义经济学精髓。

如果把中国经济比作一辆汽车，那么有两个问题是必须追问的：这辆汽车的动力来自哪里？如何持续保持强劲的动力？

长期以来，消费、投资、出口“三驾马车”成为大家分析和理解宏观经济的基本工具。因为是“马车”，很多人很自然地将其作为经济发展的三大动力。其实，“三驾马车”是以支出法核算的国内生产总值（GDP）三大组成部分，主要反映经济发展的结果。对经济发展，消费、投资、出口有短期的推动作用，但绝非根本动力。那么，经济发展动力来自哪里？

近年来中国经济这辆汽车行驶速度越来越慢。是“油门”踩得不够，还是发动机本身有问题？滕泰认为，仅靠刺激消费、投资、出口已不能推动经济快速增长。换句话说，虽然我们把“油门”踩到底了，车子依然在减速。在这种情况下，驾驶员需要停下来看看发动机有没有问题。对中国经济而言，刺激需求侧的“油门”效果递减后，必须启动供给侧改革。新供给主义经济学强调，“三驾马车”并非财富之源，供给——创造财富的能力，才是经济增长的源泉。确切地说，人口与劳动、土地与资源、金融与资本、技术创新、制度与管理等五大财富源泉才是经济增长的根本动力。

滕泰还认为，凯恩斯主义和货币主义的交替误导了中国。每当经济增速有所下滑，决策部门往往设法“踩油门”；每当通胀有所抬头，决策部门往往“踩刹车”。频繁地“踩油门”和“踩刹车”的结果是，中国经济越来越颠簸，经济周期也越来越短。因此，加强供给侧结构性改革是历史的必然选择，也是我们主动的战略性选择。

新供给如何创造新需求

新供给主义经济学提出的基本原则，就是“新供给创造新需求”。“新供给”是指新技术、新材料、新产品、新业态、新商业模式、新管理模式等新财富形态，形成了新商业价值，创造了新需求。滕泰认为，一旦资本、资源、劳动开始向新供给集中，老产业的产能过剩将自然消除，整个经济不但恢复均衡，而且将开始新增长。

对此，滕泰举了个非常形象的例子：在乔布斯创造出 iPhone 前，人们对 iPhone 的需求为零；创造出了 iPhone 后，带来了人们对 iPhone 的巨大需求。至于具体的创造过程，《新供给主义经济学》以 iPhone 产业链为例，做了详细阐述。

第一，新的商业价值附加是新供给形成的基础。如 iPhone 使上网、聊天、视频等功能从 PC 端进入移动端，具有全新的商业价值。第二，持续的研发投入和体验改进能提高供给的创造能力。如苹果公司采用新的操作系统和新的芯片构造，不断改善和提升用户体验。第三，打造上下游生态链，形成良好的协同效应，形成新市场。如 iPhone 通过建立多元化的平台，让产品之间形成更深层次的整合和协同。第四，相对开放的贸易环境和完善的配套设施有利于拓展供给创造的空间，如国际贸易，使 iPhone 销售市场和生产工厂的全球布局成为可能。第五，加速供给创造需求效率的乘数效应是新供给形成新动力、拉动经济增长的重要方式。苹果公司以手机及周边产品的销售收入，形成公司利润、股东红利、员工薪酬等，再次进入美国经济循环，推动美国经济复苏。

需要强调的是，在我国当下，处于供给老化阶段的煤炭、钢铁等传统产业，其最终出路不在于简单地关闭，而在努力培育新供给、新动能，引导这些产业的生产要素向新供给扩张的产业转移。“去产能”与培育新供给、新动力是同向并肩而行的两条河流，这两条河流合二为一，中国经济结构转型才真正完成。

要素供给还是制度供给

新供给主义经济学察觉到制度供给对经济发展的重要作用，除了关注“看得见”的动力之外，也将“看不见”的“制度与管理”作为五大财富源泉之一，视为经济增长的根本动力源。滕泰认为，在人口、土地资源、资本和生产技术没有太大变化的情况下，解除制度和管理的供给抑制，能提高单位资源、资本、劳动的产出效率，进而提高经济的潜在增长率。

当下，我国经济增长乏力的深层次原因是有效制度供给不足。我国社会主义市场经济体制尚不完善，国家作为制度供给的主体，应进一步明晰产权制度、放宽市场准入、创新金融制度，放开因产权保护不完善、市场准入歧视和融资渠道匮乏等产生的制度约束，解决好国家的制度供给和市场经济发展的制度需求之间的关系，通过制度和管理创新来促进经济的健康发展。

科斯说，必须去除所有加诸国企的特权，让私企得以自由竞争。对国企的混合所有制改革，是目前制度创新的重要切入点。在新一轮国企改革中，不但要引入非国有资本，使国有资本和非国有资本能在经营过程中优势互补，还要强化外部监督机制建设，推进公司治理机制的持续改进和完善。此外，还要着力推进内部机制和体制改革，如制定高管和员工市场化的激励办法，推进员工薪酬体制改革，形成更有效的激励机制和用人留人机制。

过度金融化只是表象

近年来，我国金融业增长较快。但眼下“经济过度金融化”的声音不时出现。其论据是，我国金融业增加值占 GDP 的比重过大，金融业增加值在 GDP 中的占比已超过 8%，而且还在继续上升，而美国、英国的比重在 7%左右。近期，金融监管部门也出台了不少措施，力求稳妥降低金融业杠杆，防控金融风险。

其实，我国目前的过度金融化，只是表象。其深层次原因在于两个方面：一是当前实体经济比较困难，制造业在尚未完成转型升级时后劲不足，逐利资金流入金融业；二是金融供给结构相对老化，尚未与经济结构转型升级完全对接，金融供给仍然存在所有制偏好。《新供给主义经济学》认为，金融和资本供给结构需对接“新供给”经济，使金融流向与新供给扩张方向一致。这就需要通过制度和产品服务的创新来驱动。

具体而言，我认为应进一步深化金融体制改革，构建一个更完善的金融体系，对接新供给，服务新需求，合理配置资源，促进经济增长。首先，应继续优化金融市场结构，着力发展多层次资本市场体系，深化创业板、新三板改革，优化企业债务和股本融资结构，提升资本市场对科技创新支持力度，大力提高直接融资特别是股权融资比例。这样不仅有利于分散金融风险，而且可以拓宽投融资渠道，帮助中小企业走出融资困境。其次，应持续深化银行业改革，逐步构建多层次、广覆盖、有差异的银行机构体系，发挥主流银行业对新供给的重要支撑作用。进一步发挥民间资本积极作用，鼓励民间资本有序进入中小银行业金融机构。最后，加强金融监管，防范和化解资本流动、不当创新等对金融安全和社会稳定带来的冲击。

毋庸讳言，《新供给主义经济学》中的部分观点，看起来仍比较理想化，落到实处还要克服诸多困难。不过，这也正是滕泰作为经济学家的难能可贵之处。正如他在前言中所说，学术研究必须有独立性、领先性，不应为了迎合短期决策需要而打扮成与政策相似的样子，更不应放弃原本的学术创新方向。

（作者系恒丰银行研究院执行院长，发表于 2017 年 5 月 11 日《上海证券报》）

三、媒体拾掇

《21 世纪经济报道》:供给学派的中国经济“药方”

(作者:《21 世纪经济报道》记者陆宇)

导读

本文是《21 世纪经济报道》记者陆宇的采访报道,记者在采访我的同时还采访了贾康先生。为了有利于共同推动学界对供给侧研究的重视,我当时曾特意交代记者不要刻意突出我发表文章在前、贾康发表文章在后的时间区别。另外文中说我的新供给主义有“六个核心主张”有点不准确,因为那只是在“收入分配”方面的六个主张而已。

在保持了 30 年的高速增长后,中国经济似乎走进了一个死循环:每当经济增速有所下滑,决策部门往往会加大投资、放松信贷“踩油门”;每当通胀有所抬头,决策部门又往往会减少投资、紧缩信贷“踩刹车”。在“踩油门”与“踩刹车”的颠簸行进中,投资猛增、货币超发、产能过剩与垄断加剧、高利贷泛滥、中小企业倒闭潮轮番上演。

不唯中国，回顾十余年的宏观调控历程，在应对危机时，各国政府几乎惯性思维地拿起凯恩斯主义，目前这个以拉动投资和消费为特征的需求式管理手段正在遭受广泛质疑。

就在新一届中国政府换届前后，数十名知名学者、政府官员和金融高管举起新供给主义的大旗，希冀新一届政府的宏观政策从需求式管理适当转向供给侧调控。“解除供给抑制”是这一学派开出的药方。

他们认为，20 世纪 80 年美国里根和中国邓小平时期的经济政策异曲同工，两者都是从激发产品提供的供给侧入手，美国避免了滞涨，中国则迎来了黄金发展期。此一学派的具体政策包括减税、打破垄断、减少管制、产权多元化、市场自由化、公平分配、加快城镇化等。

仔细梳理后可以发现，新供给学派的主张与新一届政府的政策有诸多重合之处。李克强总理在谈到当前经济发展问题时曾指出，靠刺激政策、政府直接投资实现预期目标的空间已经不大。而取消或下放审批权、机构改革、营改增激发企业活力、加快城镇化进程、推进利率市场化等一系列新政恰恰是新供给学派的政策建议。

“颠簸”的中国经济

新供给学派的兴起源于中国面临经济的困局。近十年间，在决策部门的轮番扩张和紧缩政策之后，中国经济并未得到期望中的平稳增长。

在一轮轮的财政和货币扩张中，出现了钢铁、水泥、平板玻璃、新能源设备等众多行业的产能过剩以及大量使用率极低的“铁公机”设施。“做与政府投资相关的生意最挣钱”已成为多数商人的惯性思维，中国经济对政府投资的依赖性愈发增强。

而为了抑制扩大投资可能导致的通胀，在每一轮剧烈的紧缩之后，往往形成金融垄断加剧、高利贷泛滥、中小企业大批倒闭停产的现象。

据统计，在不到5年的时间里，决策部门11次调整利率、22次调整存款准备金，2008年上半年还在“防通胀、防过热”，2009年又抛出4万亿抗衰退，2010年四季度再次抗通胀，2012年上半年再刺激，下半年扩张政策偃旗息鼓重新防通胀……

滕泰告诉本报记者：“在上下一两个百分点的GDP增速和物价起落之间，一会儿‘踩刹车’、一会‘踩油门’，经济周期和政策周期越来越短。”

更为严重的是，中国经济似乎产生了“抗药性”，持续的财政和货币扩张，已不再像先前那样奏效。

中国式“新供给”药方

两拨人干着同样的事，却彼此毫不知情，2012年底，巧合的一幕在北京上演。

2012年11月，万博经济研究院院长滕泰发表《新供给主义宣言》,提出了“淡化总需求管理,从供给侧推动改革”的宏观政策主张。

与此同时,以财政部财科所所长贾康领衔的“新供给学派研究小组”七人发表《中国式新供给经济学》,提出“八双”为核心的政策主张。

在普遍的眼光看来,双方均代表了现今中国的精英阶层。

除贾康外,“新供给学派研究小组”还包括国家发改委规划司司长徐林、央行货币政策司副司长姚余栋、前深圳创投总裁李万寿等出生于20世纪五六十年代的中高层管理者。

而滕泰牵头组建的少壮派“70后经济人改革论坛”,吸收了国家信息中心经济预测部张茉楠、国务院发展研究中心金融研究所陈道富等人,其第一次会议上讨论的内容即为新供给主义。

此外,中国社科院副院长李扬等人也在不同场合呼吁更多地从供给面管理中国经济。如今,直接把自己划归为新供给主义的知名人士已近50人。

2013年1月6日,“70后经济改革论坛”在一家名为“等身堂”的私人会所召开,据滕泰表述,选择这家会所与其秉持的经济政策息息相关,新供给主义希望营造一个更加公平、自由的氛围。

会议邀请了贾康及国开行研究院副院长黄剑辉等“新供

给研究小组”成员,并由“双轨制”改革提出者、燕京华侨大学校长华生主持。随后,2013 年 3 月 2 日,“新供给研究小组”在长安俱乐部召开第二次会议,邀请了滕泰等人,会上提议组建了华夏新供给研究院。至此,价值观相似的两股供给学派开始汇入一流。

与里根和撒切尔更大程度上的自由化不同,新供给学派强调结合中国制度的现实;与凯恩斯主义关注投资、消费等更加关注需求侧管理不同,新供给学派认为经济干预的重点在于供给方面,其出发点可以笼统概括为“新供给可以自动创造新需求”。就像 iPhone 手机,在乔布斯创造出 iPhone 手机之前,世界对它的需求原本是不存在的,而一旦该手机问世,新的需求就被源源不断地创造出来。

“iPhone 不是哪个政府可以规划出来的。”滕泰对本报记者表示:“政府只需设计出有利于创新的机制。”

延伸到宏观经济领域,贾康认为,对经济学理论和调控实践的反思非常必要。“供给管理应进入长期视野,增加宏观经济中的有效供给,并以经济手段为主,与深化改革紧密结合,进而优化我国的宏观调控和政策设计。”

据记者了解,滕泰提出的新供给主义与新供给研究小组的理论构架略有差异,前者以里根经济和邓小平改革开放为源的理论及实践创新,后者则更加注重对中国古典经济理论的梳理及邓小平在中国的改革路线。

殊途同归，双方均认为，邓小平改革解放了束缚已久的生产力，正是解除了供给侧的约束。而目前中国经济中存在的高税收、高社会成本、高垄断、高管制对供给侧产生了严重束缚。打破上述限制，中国经济即可在保持增长的同时，避免通胀。

由此，新供给经济学为中国经济开出的药方是从结构性减税到大规模减税、放松政府管制、减少行政审批、打破垄断、鼓励创新和创业、加快城镇化步伐、实施新一轮的价格财政及金融改革等。

贾康概括为八个"双化"，滕泰表述为"六个核心主张"。

突破惯性思维

供给学派力图对新一届政府的经济政策施加影响，这从其发表文章的时间选择即可看出端倪。

2012年底，两派供给主义团体不分前后地正式公开了自己的主张，这个时间段的选择颇值得玩味：十八大召开之后，中央经济工作会议前夕。

滕泰向本报记者坦承："选择在这期间发表文章，是经过深思熟虑的。"

也许是巧合，李克强总理在谈到当前经济发展问题时曾指出，靠刺激政策、政府直接投资实现预期目标的空间已经不大。中央政府已决定不再实施大规模的财政刺激政策，并控制经济中的流动性，转向更加稳健的货币政策。

细心人士在梳理当时的政策时发现，诸多政策与新供给学派的主张不谋而合。

取消和下放117项行政审批项目；推进机构改革，转换政府职能；扩大“营改增”试点，结构性减税；保持合理的货币总量；减少政府开支，把资金用于转型升级；加快新型城镇化进程；推进利率市场化改革……

普遍的观点认为，新一届政府的宏观调控手段发生了转变，甚至有人称，新政带有强烈的供给学派色彩。贾康等人处于观望之中，“新一届政府肯定有一套明确的政策思路，目前还只能观察，不能直接判断”。

供给学派的人士发现，即使在需求侧的管理，新政也不同于以往。以饱受争议的太阳能产业为例，初始投资补贴以扩大国内市场的方式将被发电量补贴替代，政策从直接支持装机规模转向支持装机质量。

新一届政府的执政思路或许不能简单地划归为某一学派，但新的政策已然显露出宏观经济政策开始调整的端倪，而这势必将深刻影响中国的未来10年。

（《21世纪经济报道》2013年6月29日）

《金融时报》专访：放松供给约束　解除供给抑制

（作者：《金融时报》记者姜欣欣，2013 年 7 月 15 日）

滕泰博士继提出“淡化总需求管理，从供给侧推动改革”的基本主张之后，首次完整阐述“新供给主义经济学”的理论框架和改革思想体系——放松供给约束，解除供给抑制。

本期做客嘉宾：万博经济研究院院长滕泰

滕泰，经济学博士，曾任多家金融机构的投资总监、研究所所长、副总裁兼首席经济学家等职务，“70 后经济学人改革论坛”发起人，新供给经济学研究小组成员。著有《新财富论》《财富的觉醒》《大周期》等多部专著。2012 年 8 月，发起创办万博兄弟资产管理公司和万博经济研究院，担任董事长和研究院院长。

从去年四季度至今，包括李扬、贾康在内的国内多位知名学者在不同场合呼吁要从供给面去管理中国经济，这实际上反映了中国经济政策的一种必然选择。今天，新供给主义经济学的提出者万博经济研究院院长滕泰博士做客本期“首席观点”。他最早在其去年 11 月份发表的《新供给主义宣言》中就提出了“淡化总需求管理，从供给侧推动改革”这一基本主张。此次，他又较为完整地向我们介绍了“新供给主义经济学”的理论框架和改革思想体系,希望能引发读者更多的关注与探讨。

总需求管理无计可施,新供给主义峰回路转

记者:在您看来,中国的总需求管理是否走到了死胡同?

滕泰:是的。这一结论可以从以下三个方面得出:

其一,从过去10多年来看,总需求管理效果不明显。过去10年中国经济增长的动力原本不是问题,但现在回顾历次干预的结果可以发现,事实上,总需求干预之手频繁出击并没有熨平周期,反而从某种程度上放大了经济的颠簸,使经济周期越来越短。而且,每一轮“踩油门”后,都难免遗留下大批过剩产能、银行不良资产和地方政府债务;每一轮“踩刹车”下去,又都客观上造成高利贷泛滥、中小企业大批倒闭和股市暴跌。当经济政策的眼光被过多地吸引到总需求和短周期管理方面,就难免造成对供给面和经济深层次改革措施的忽视。

其二,从当前来看,靠政策进一步扩大内需或外需都很难。李克强总理在谈到当前经济发展问题时曾指出,靠刺激政策、政府直接投资实现预期目标的空间已经不大。中国过去10多年来为扩大内需或外需,能够使用的政策资源正在消耗殆尽——在银行不良资产亟待消化的背景下,再扩张货币政策来刺激经济不可行;多次大大小小的财政刺激后,在地方政府债务亟待消化的背景下，再通过财政政策扩张投资后遗症越来越多；多年汇率保护、出口补贴等刺激后，在欧美日经济缓慢增长的背景下，进一步扩大外需更不现实。此外，在当前二元金融体制、高利贷泛滥的背景下，民间投资也很难增长；社会保障体制没有根本变化、利率较高，居民消费也难以进一步扩张。

其三，从长期来看，需求管理无效。总需求理论本来就是研究经济短周期的理论，凯恩斯作为总需求管理理论的鼻祖，也并不用总需求理论分析长期经济增长。即便总需求管理理论提出的财政或货币政策能够产生一定效果，也注定是短期的。因为政府在这一时期通过低利率等货币政策或财政赤字扩大投资的财政政策吹大的泡泡，会在下一时期瘪下去；反之，这一时期被压抑的总需求，也会在下一时期弹起来。无论总需求管理政策把投资和消费提前还是延后，最终都不能改变经济的长期潜在增长率。

记者：当我们沿着总需求路线走到尽头时，如何换个角度来寻求突破呢？

滕泰：我认为，如果从供给面分析中国长期经济增长前景，放开供给约束，解除供给抑制，就会别有一番天地。

从短期来看，中国经济受到高税收、高社会成本、高垄断、高管制等“供给约束”，只要通过减税、降低社会成本、放松垄断、减少管制等措施，放松“供给约束”，就可以提高经济的短期增长率。

从长期来看,中国经济在人口与劳动、资本与金融、资源与产权、技术与创新、制度与分工等五个方面存在"供给抑制",只要通过放松人口生育控制、放松户籍制度、减少资本与金融管制、优化土地与资源产权结构、推动国有企业等低效率领域的制度改革等措施,解除"供给抑制",就可以提高经济的长期潜在增长率。

记者:新供给主义经济学是这一突破的理论基础,您能否简要介绍一下其产生背景与核心观点?

滕泰:新供给主义经济学正是从中国20世纪80年代以来的改革实践出发,结合传统供给学派和邓小平"解放生产力"的改革理论,针对中国经济运行机制、长期增长潜力、国民收入分配以及房价物价等问题而提出的一整套经济管理理论和改革思想。

概括而言,新供给主义经济学认为,供给与需求动态均衡的打破属于经济增长过程中的阶段性、局部性问题,其与技术扩散和产业生命周期密不可分。生产的过剩是相对的,阶段性和局部领域的供需矛盾可以随着资源逐步向新产业领域配置而消解。当宏观经济从供给到需求的传导过程遇到阻碍时,既不应当用带有计划经济色彩的手段,比如产业政策去彻底破坏市场机制,也不应当用传统凯恩斯主义的手段人为扩大旧产业和旧经济的总需求,而应当为市场释放新供给创造条件，引导新供给创造新需求，最终通过供给结构的调整，让经济回到“供给自动创造需求”的理想运行轨道，恢复“供给与需求的自动平衡机制”。

新供给主义的改革思想和增长理论

记者：新供给主义经济学的短期改革主张主要体现在哪一方面？

滕泰：其短期改革主张是以“放松供给约束”为核心。

新供给主义经济学认为，供给学派就是在凯恩斯主义盛行若干年后的特定背景下产生的。他们的大部分政策主张是在解除凯恩斯主义遗留的“供给约束”，如税收约束、成本约束、垄断约束、政策管制因素、公共财政和国有企业的低效率约束等。

如同罗斯福新政之后的几十年中，总需求管理政策遗留给美国经济大量“供给约束”一样，1996 年以来，类似于凯恩斯主义需求管理的所谓宏观调控也给中国经济造成了较严重的“供给约束”，包括高税收约束、高社会成本约束、高垄断约束、高管制约束等。因此，中国只要下决心通过减税、降低社会福利成本、放松垄断、减少管制等措施，放松“供给约束”，就可以提高经济的短期增长率。

新供给主义经济学将上述传统供给学派经济学的核心思想归纳为“放松供给约束”，提高经济潜在增长率，并结合中国经济情况提出“解除供给约束”的具体措施。比如：从结构性减税到大规模减税；放松政府管制，减少行政审批；减少垄断，促进市场自由竞争；依托资本市场，推进国有企业股权多元化改革；改进资源和基础服务价格形成机制；有效控制基础设施和基础服务成本；等等。

记者：那么，新供给主义经济学的长期经济改革主张又体现在哪里？

滕泰：其长期经济改革主张的核心在于"解除供给抑制"。

如果说20世纪80年代里根政府为代表的美国传统供给主义政策的核心在于解除经济增长的"供给约束"，那么20世纪80年代邓小平同志领导的中国经济体制改革的核心就在于解除"供给抑制"。邓小平同志提出"改革也是解放生产力"，通过以自由竞争的市场经济体制替代计划经济体制、以联产承包责任制取代集体生产、鼓励开放市场和国际贸易、推动科学教育事业发展，使长期受到抑制的生产要素潜力得以释放。那么，如何进一步发扬光大邓小平理论，通过解除供给抑制来解放生产力呢？按照新供给主义经济学的理论研究框架，经济的长期潜在增长率取决于五大财富源泉，解除供给抑制，也必须从这五大财富源泉出发。

第一个财富源泉是人口和劳动力。虽然学界对中国人口红利尚存争论，但我们认为，农村还有"相对剩余劳动力"和"相对人口红利"。目前中国农村人均GDP与城市人均

GDP 相差 5 倍，也就是说，一个农业人口一旦在城市找到工作，其对经济的贡献就提高 4 倍。因此，只要解除人口和劳动力供给抑制，如短期适当放松户籍制度、促进人口自由流动，长期适当调整人口政策，中国的相对人口红利就会进一步得到充分释放。

第二个财富源泉是土地以及附着在土地上的资源。如果中国的土地一直不能自由流转，农业就将一直停留在小农经济阶段，小农经济产出效率显然很低。如果土地可以自由流转并适当集中，农业生产效率就会大幅提高。矿山也是一样，如果煤矿、石油等资源是垄断的，矿产交易市场发育不完善，其开采就会比较粗放，资源利用效率就不会高。中国的资源和土地供给抑制还比较严重，未来产权优化和释放资源供给还有很大空间。

第三个财富源泉是资本。中国是全世界资本最多的国家，我们有 3.5 万亿美元的外汇储备，居民、企业加上政府的储蓄有 100 多万亿元人民币。但作为外汇储备和国内储蓄最多的国家，中国的利率水平却是全世界最高的。中小企业私募债利率高达 14%～15%，民间借贷成本更高。为什么在全球资本最多的国家出现了最严重的资本短缺和最贵的资本价格？原因就在于资本抑制和金融抑制。设想把金融抑制放开一些，逐步把中小企业资金成本从 14%～15%降低到 5%，会有多少中小企业焕发出生机勃勃的生命力？

第四个财富源泉就是技术和创新。中国还没有形成创新型的科教体制,高中、大学培养的都是知识型人才,很多国有科研机构白白耗费了大量财政资源,却缺少真正有市场价值的创新技术。不仅强化市场导向和创新活力的教育科研创新体制改革迫在眉睫,在企业研发、金融支持、政府管理等层面解除技术和创新抑制,中国也还有很多功课要做。

第五个财富源泉是制度本身。制度决定了一个国家宏观的社会分工效率和微观的企业生产效率,而社会分工和管理效率的提高自然带来财富的增长。正因为如此,我们才看到中国20世纪80年代的经济体制改革所带来的巨大增长动力。其中最具代表性的是从农村人民公社到联产承包责任制的改革,在人口、土地资源和生产技术没有太大变化的情况下迅速提高了粮食产量。目前,中国经济体制改革的空间还很大,李克强总理指出,每一个制度改进的地方都孕育着很大的潜力。举例来讲,很多国有企业所占有的资源很多,但单位资源、资本的产出都远远低于自由竞争的民营企业,改革这些低效率的部门自然会提高经济潜在增长率。

综合这五个方面来看,只要通过改革,解除对人口和劳动力供给抑制、制度和管理的供给抑制、土地和资源的供给抑制、资本和金融抑制、技术和创新抑制,中国的经济增长潜力就会源源不断地涌现出来。越是供给抑制严重的领域(比如医疗、教育、金融、房地产),供给价格越高,而且供给效率和质量越低，改革的空间也越大。

记者：对于与上述增长理论相呼应的增长模式，新供给主义经济学有何阐述？

滕泰：新供给主义经济学认为，历史上所有的长期增长理论都是围绕供给层面展开的。亚当·斯密关于制度和社会分工对生产力促进作用的研究奠定了资本主义经济增长理论的基础；熊彼特以“创新理论”解释经济增长过程，认为生产技术的革新是驱动经济螺旋式发展的核心力量，技术和制度的“破坏性创新”才是经济增长的长期动力；库兹涅茨则更多地从投入产出角度分析经济增长，并将经济长期增长要素归纳为人口增长、生产效率提升、经济结构升级、社会结构转变等。上述理论无一例外地从“供给”的角度解释经济增长并提出各自的政策主张。

新供给经济学认为，中国经济过去30多年的高速增长是上述三种经济增长理论的综合体现：20世纪80年代的制度改革开启了中国经济的“斯密增长”时代，而90年代以后持续的人力、资源、资本、技术投入换来了“库兹涅茨增长”为特征，兼带着“熊彼特增长”的时期。未来中国“库兹涅茨增长模式”仍然能够延续，但应该通过“放松供给约束，解除供给抑制”的系列改革措施，刺激新的“熊彼特增长”阶段，并通过深化制度改革，重启“斯密增长”，让一切创造财富的源泉更有效率地充分涌流。

《证券时报》专访:以新供给创造新需求 以放松供给提高经济增长率

(作者:《证券时报》付建利,2013 年 7 月 15 日)

在近几年各种经济理论和经济思潮的争鸣过程中,万博经济研究院院长滕泰提出并倡导的新供给主义经济学格外引人注目。

新供给主义经济学的核心思想是“放松供给约束,解除供给抑制”,在此基础上,主张以“优化供给结构,提高供给效率”为核心的房价、物价配套管理办法,以及以“供给贡献和边际报酬”为标准的收入分配思想,最终达到短期稳定经济运行、长期提高潜在增长率并促进效率和公平分配的宏观经济管理目标。简言之,新供给主义经济学主要包括六大核心主张。

第一,以“新供给创造新需求”的宏观经济管理体制改革主张。

滕泰认为,从实践来看,以刺激总需求为目的的传统经济手段并未有效熨平经济的周期性波动,甚至从某种程度上放大了经济的波动,经济周期越来越短,以至于调控陷入无力应对的局面。与此同时,每一轮政策“踩油门”之后,都会造成产能严重过剩，银行不良资产和地方政府债务增加；而每一轮"踩刹车"之后，又会造成高利贷泛滥、中小企业和民营经济生存艰难、股市下跌、市场悲观情绪蔓延。新供给主义经济学不赞成这种针对总需求的反复折腾。

"当产能过剩或需求不足时，传统的办法，要么是计划经济的那一套，制订计划来抑制产能或扩张产能，比如光伏产业在政策刺激下，出现了严重的产能过剩，这样一套办法显然是靠不住的；要么是运用凯恩斯主义的方法，通过积极的财政政策和货币政策，创造新需求来吸收过剩的产能，结果反而刺激了过剩产能的进一步扩张。"滕泰提出的新供给主义经济学从供给角度重新定义了经济周期，他把一个完整的经济周期划分为四个阶段，即供给形成阶段、供给扩张阶段、供给成熟阶段和供给老化阶段。

他认为，经济出现产能过剩或需求不足的原因是相当一部分产业进入了供给成熟阶段或供给老化阶段。面对这样的问题，新供给主义经济学主张放松供给约束、降低社会成本，吸引社会资源创造新供给，并让新供给创造新需求，如此才能使经济尽快恢复到供给自动创造需求的理想运行轨道。

他举例说，在 iPhone 手机问世之前，世界对这款手机的需求是不存在的，只有当 iPhone 手机面世后，新的需求和新的产业链才被创造出来。在近期国务院关于促进信息消费的有关会议上，李克强总理强调要"创新供给引导消费"。这与新供给主义经济学提出的“刺激新供给,创造新需求”不谋而合。

第二,以“放松供给约束”为核心的短期改革主张。

滕泰认为,20 世纪 80 年代里根政府的“经济复兴计划”,就部分采纳了美国传统供给学派的主张,主要包括:放松政府对企业的行政管制,减少国家对企业的干预;大幅降低个人所得税率,减免企业税负;削减社会福利等非国防领域的政府开支等。这些政策从供给端入手,刺激了私人部门的投资,以扩大供给的方式刺激了经济发展,扩大了就业机会,缓解了社会矛盾。不仅如此,同时代的邓小平经济改革也是从供给面着手,从各个方面“解放生产力”。

新供给主义经济学就是结合传统供给学派和中国经济改革实践提出的新经济理论。滕泰认为,从短期来看,中国经济面临严重的“供给约束”,如高税收、高垄断、高管制、高社会成本等。新供给主义经济学主张放松“供给约束”,提高经济潜在增长率,并结合中国经济情况提出“解除供给约束”的具体措施。比如,减税、降低社会福利成本、放松垄断、减少管制、简政放权,以此提高经济的短期增长率。

第三,以“解除供给抑制”为核心的长期经济改革主张。

滕泰认为,从长期来看,中国经济在人口与劳动、资本与金融、资源与产权、技术与创新、制度与分工五个方面都存在供给抑制。为此需要优化土地与资源结构,推动国有企业等低效率领域的制度改革，解除供给抑制，提高经济长期的潜在增长率。邓小平曾说，改革就是解放生产力，也就是通过以自由竞争的市场经济体制替代计划经济体制，让市场在资源配置中发挥基础性作用，让市场这只“无形的手”发挥更大的作用，使长期受到抑制的生产要素潜力得以释放，这实际上就是解除供给抑制。

在新供给主义经济学看来，解放生产力的核心就是解除供给抑制。越是供给抑制严重的领域，如医疗、教育、金融、房地产，供给价格越高，而且供给效率和质量越低，这些领域的改革动力更强，改革的空间也越大。

第四，重视五大财富源泉，综合运用三种增长方式。按照新供给主义经济学的理论基础，经济的长期潜在增长率取决于五大财富源泉：人口和劳动力、土地以及附着在土地上的资源、资本、技术和创新、制度本身。综合这五个方面的财富源泉来看，中国的经济制度还存在普遍的“供给抑制”，这也是改革的方向和努力的空间。

滕泰说，在新供给主义经济学看来，亚当·斯密关于制度和社会分工对生产力促进作用的研究，构建了资本主义经济增长理论的基础；熊彼特以“创新理论”解释经济增长过程，认为生产技术的革新是驱动经济螺旋式发展的核心力量，同时认为技术和制度的破坏性创新才是经济增长的长期动力；库兹涅茨则更多地从投入产出角度分析经济增长，并将经济长期增长要素归纳为人口增长、生产效率提升、经济结构升级、社会结构转变等。

“这些理论无一例外的都是从‘供给’的角度来解释经济增长，并提出了自己的主张，中国经济过去30多年的高速增长是上述三种经济增长理论的综合体现。”在滕泰看来，20世纪80年代的制度改革开启了中国经济的“斯密增长”时代，而90年代以后持续的人力、资源、资本、技术投入换来了“库兹涅茨增长”，兼带着“熊彼特增长”的特征。未来中国“库兹涅茨增长模式”仍然能够延续，但应该通过“放松供给约束，解除供给抑制”的系列改革措施，刺激新的“熊彼特增长”阶段，通过制度改革重启“斯密增长”。

第五，以“优化供给结构，提高供给效率”为核心的房价、物价管控政策。

滕泰说，以房地产市场为例，以前一直是通过打压需求来稳定房价。新供给主义认为，应该增加土地供应，加大保障房投入，改善房地产市场的供给结构，最终抑制房价。再比如物价，多年以来，由于原材料价格和劳动力工资成本的上涨，物价居高不下。传统的方法也是通过紧缩需求来打压物价，新供给主义则主张通过增加供给来平衡通胀带来的压力。增加供给，既稳定了物价，防止了通胀产生，又刺激了消费，促进了经济的稳定增长，最终把“稳增长”和“控物价”较好地结合在一起，这是传统政策很难实现的。

在滕泰看来，新供给主义经济学从供给面管理物价的措施包括降低税收成本，控制人工和原材料成本上升的速度，稳定农产品生产和供给机制，控制流通环节费用，建立稳定的消费品物价形成机制。

第六，以"供给要素贡献和边际报酬"为核心的收入分配机制。

滕泰认为，在收入分配体制方面，新供给主义经济学主张从供给出发，按照劳动、资源、技术、制度、资本五大要素的贡献和边际报酬，充分发挥市场的主体性作用，谁的能力更强，谁的贡献更大，谁就应该得到更多的财富。

具体来说，新供给主义经济学主张的收入分配体制改革包括：遏制公共权力直接或间接参与财富分配，减少垄断对财富的瓜分；反垄断、放松管制，促进市场自由化、产权民营化，这不仅是放松供给约束、解除供给抑制的必然要求，也是促进公平收入分配的必然选择；控制利用公共资源过度获取个体收入的现象；对于创业企业或雇员人数、销售收入较小的小微企业应大范围免税；政府可以通过税收调节收入分配，但调节的重点应该是严重偏离要素边际报酬的收入；尽量减少公共支出和转移支付；等等。

《中国经济导报》专访:供给侧改革实践需“转、放、改”

(作者:《中国经济导报》张洽棠,2016 年 4 月 27 日)

现在有种倾向是“供给侧改革是个筐,啥都往里装”,如何看待这种倾向?请看专家怎么说。

自中央提出“供给侧结构性改革”后,学界就一直在探讨什么是真正的供给侧改革。早在 2012 年 11 月就发表了《新供给主义宣言》、万博新经济研究院院长滕泰,近日出版新著《供给侧的觉醒:从财富原点再出发》,发布会结束后,《中国经济导报》记者对其进行了专访。

打破“旧”供给

《中国经济导报》:有观点认为,供给侧改革的理论根源来自西方供给学派,也有观点认为,中国特色的发展路径是供给侧改革的主要原因。您如何看待供给侧改革的深层次理论根源?

滕泰:供给侧就是生产侧。回顾经济学发展的历史,从亚当·斯密的《国民财富性质和原因的研究》(《国富论》)到马克思的《资本论》,从库兹涅茨的《国民收入和资本形成》到熊彼特的《经济发展理论》,都是从供给侧,也就是财富生产的角度研究经济发展和经济增长的规律。

古典供给学派的代表人物是19世纪法国经济学家萨伊。他提出了“供给自动创造自己的需求”的“萨伊定律”。但实际上,“供给自动创造需求”只是个理想的状态,只有在特定条件下才能实现。20世纪80年代西方传统供给学派的主要观点主要是,通过减税等财政政策和减少垄断、放松管制等措施,来强化对生产活动的刺激和支持。传统供给学派的认识还停留在哲学认知和零散主张阶段,并没有提出完整的经济理论体系。

新供给主义经济学在吸收和借鉴上述认知的基础上,从中国改革和发展的实践出发,一方面把传统供给学派的上述零散建议,归纳到新供给主义经济学体系中的“放松供给约束”部分中;另一方面提出了新供给创造新需求、新供给经济周期等新供给周期理论基础,放松三大供给约束的系统理论,释放五大财富源泉的长期改革主张,三种增长模式理论,供给侧出发的房价和物价管理模式,以及新供给主义的公平分配的理论主张。它们共同形成一个包括经济均衡、经济增长、结构调整、房价与物价管理、公平分配的系统理论体系。

改革开放以来,尤其是实行社会主义市场经济体制以来,通过不断放松供给约束,消除供给抑制,使中国经济实现了连续多年的高速增长。但是,改革进入深水区之后,一些计划体制遗留下来的深层次问题难以突破。例如,在人口劳动力、土地资源、金融资本等五大要素供给方面，以及医疗、教育、能源、电信等垄断行业，还存在很多的供给抑制现象；同时，在前期改革中也形成了一些新的问题，如多年的凯恩斯主义和货币主义主导的宏观调控机制，造成了高税负成本、高融资成本等供给约束。

这些供给约束和供给抑制导致中国经济在2010年后步入下行通道，而传统的“踩油门”“踩刹车”式的宏观调控措施已经难以见效。在这种背景下，中央提出“实施供给侧结构性改革”，抓住了中国经济供给结构老化的主要矛盾，是从根本上扭转经济增长乏力的重大战略举措。

《中国经济导报》：有供给侧改革，必有需求侧变化与之对应，更有连接两者的一系列制度性安排。您认为应该如何更好地打通供给侧改革的实践路径？

滕泰：强调供给侧改革，并不意味着全面否定需求侧。投资、出口、消费这三驾马车，虽不是财富的源泉和经济增长的根本动力，但也是产品销售和价值实现的条件。中国在西部开发、民生保障和基础设施等扩大总需求的领域还有很大的空间。

新供给主义经济学认为，打通供给侧改革的实践路径要围绕“转、放、改”三个方面去做。

第一，转型。就是依靠完善的要素市场和强大的社会保障，推动生产要素从供给过剩、供给老化的行业向新供给形成、新供给扩张的产业转移。在这个过程中，政府要避免“用行政手段强行去产能”和“用行政手段力挺僵尸企业”两大误区，抓住“完善要素市场”和“提供转型过程中的社会保障”两大着力点。

第二，放手。就是放松高行政成本、高融资成本、高税收成本三大供给约束，确保经济短期迅速反弹复苏。每取消一批行政审批就会释放出一批有效供给和有效需求；每降低一个点的融资成本，中国企业盈利就会增加 7 000 多亿元；每降低几个点的税收就会有成千上万企业起死回生。

第三，改革。就是加速人口户籍制度、劳动用工制度的改革，提高劳动供给效率，降低人工成本；加速土地产权、土地流转、能源资源等领域的改革，提高土地和资源供给效率，降低土地和资源成本；解放思想，加速国有企业混合所有制改革，提高管理效率，降低管理成本，提高国有企业全要素生产率；加速金融改革，尽快大幅降低企业融资成本；加速教育、科研管理体制改革，降低创新和技术成本……通过深化改革，提高要素供给效率，全面降低供给成本，让五大财富源泉充分涌流。

短期而言，持续减税是降低企业成本、稳定经济增长的最有效措施，也是供给侧改革的重要举措。今年两会总理明确地宣布，今年增加赤字 5 600 亿元，主要用来减税降费。近期国务院也出台了阶段性降低社保交税费比例和住房公积金缴存比例的举措。我认为这个方向是正确的,显示了中央政府的决心,但是力度还可以再提高一些,5 600 亿元还可以再扩大 1 倍以上,问题不大。

“三去一降一补”不是“踩油门”,而是着力于提高增长发动机的效率

《中国经济导报》:“三去一降一补”指明了供给侧改革的主攻方向,但也应警惕部分地方或行业,机械性执行“一刀切”指标的情况发生。您认为如何达到执行力度与合理弹性的平衡?

滕泰:“三去一降一补”,即去产能、去库存、去杠杆、降成本、补短板,是中央经济工作会议提出的 2016 年的五大任务。这五个关键点应该说抓住了 2016 年经济运行短期的主要矛盾,也是短期经济管理的主要任务,贯彻好、落实好这些部署,有利于消除下行压力,促使经济尽快走出低迷。

但是,供给侧改革的核心任务还是通过改革恢复中国经济增长的动能。比如,通过“放松供给约束,解除供给抑制”,让要素向新供给形成和扩张的领域转移,从而激发新供给、创造新需求。因此,在“三去一降一补”之外,还应当有我们上面提到的“转、放、改”三个方面的措施。

就“三去一降一补”,我们认为不仅仅是如何掌握执行力度与合理弹性的平衡的问题,更重要的是要理解这些措施与供给侧改革的关系,并且在实践中避免一些错误的倾向。

首先,“去库存”的出路最终还是在需求侧。供给侧改革并不是盲目地排斥需求管理,在一定的情况下,扩张需求还是有必要的。已经建成的房子,只有通过扩张需求的办法把房子卖掉、把库存消化掉。但是,我们要警惕借房地产去库存之机进一步炒高房价的做法,防范房价暴涨暴跌引发的金融风险。

其次,“去产能”虽然是供给侧结构性改革的主要内容之一,但新供给主义经济学认为,最好不要“行政去产能”或“片面去产能”,而应该强调,简单地把过剩产能的企业关掉并不是供给侧改革,把这些旧产业的生产要素转移到新产业才是供给侧改革。“去产能”与培育新供给、新动力是同向并肩而行的两条河流,只有这两条河流合二为一的那一天,才意味着中国经济结构转型真正完成。显然,“去产能”的最终解决之道是生产要素从供给老化的行业转移到新供给形成、供给扩张的行业,要强调这个过程让市场的力量自发完成,政府不应该用行政手段替代市场力量。

最后,“去杠杆”要注意时机选择,在经济衰退的时候去杠杆要相对谨慎。

《中国经济导报》:现在有种倾向是“供给侧改革是个筐,啥都往里装”。您如何看待这种倾向?

滕泰:这半年以来,可以说是“供给侧改革”在社会上的持续升温很快。在这个过程中有两个现象:一个是学界,叫做“一哄而上”;一个是政界,尤其是地方政府,叫作“雾里看花”。学界的“一哄而上”某种程度上也不是坏事,一直支持供给侧改革的学者继续提出一些阐释;新自由主义的一些学者,也开始谈供给侧改革,提出他们的主张;一些计划经济思想的学者也从搞计划的角度提出了供给侧结构性改革的一些主张;凯恩斯主义的一些政策主张,目前也悄悄地戴上了供给侧改革的帽子。现在是各界各学派都在讨论供给侧改革。从长期来看,肯定是集思广益,集中各派的智慧是有好处的。而短期,这也是造成当前社会上对供给侧改革认识比较混乱,尤其是地方政府“雾里看花”,不知道怎么办的一个主要原因。

要解决这个问题,就要回到供给侧改革的根本来看:当驾驶员开汽车把油门踩到底的时候,车还不加速,怎么办?你只能停下来看看发动机是不是出问题了。实际上,供给侧改革本质上就是怎么去提高发动机效率。

凡是“踩油门”“踩刹车”的调控措施,那就都不是供给侧改革;凡是提高发动机效能的,都是供给侧改革。那到底怎么提高供给侧的效能呢?各派学者、各个部门都有创新改革的能力。比如,国土资源部可以想办法降低土地的供给成本,科技部可以想办法提高创新的效率,税收部门可以想办法怎么给大家降点税,工商行政管理部门可以想办法给企业降费,金融部门可以想想怎么给大家降低融资成本,各决策部门可以取消行政审批,行政管制,等等。地方政府也是一样,自己也要想想怎么提高当地经济增长发动机的效率。供给侧改革,只要理解了它的出发点和基本原理,各级、各界、各部门都可以提出自己的各行业、各企业的供给侧改革的措施。

作者参加李克强总理主持国务院经济形势座谈会

中国政府网:www. gov. cn

2015年11月9日,万博经济研究院院长滕泰先生应邀参加了国务院总理李克强主持召开的经济形势座谈会,出席会议的还有张高丽、刘延东、汪洋、马凯、杨晶、王勇和国务院各部委领导。滕泰先生结合新供给主义经济学和软财富战略,做了题为《从供给侧改革全面降低企业成本,开启新增长周期》的汇报。

滕泰参加李克强总理主持国务院经济形势座谈会,并作汇报

滕泰在座谈会上提出,虽然中国经济部分领先指标有企稳迹象,但反弹复苏的动力不足,建议进一步降息降准、多举措降低企业融资成本;下决心加大减税力度;重视软财富和软价值,创造新供给,形成新需求;通过供给侧改革全面提高劳动力供给效率,降低人工成本;提高土地供给效率,降低资源供给成本;提高金融供给效率,降低资金供给成本;提高制度效率,降低管理成本;提高创新效率,降低技术供给成本,释放五大财富源泉,开启增长新周期。

后　记

首先，衷心感谢我的博导伍贻康先生对我的教诲和鼓励。伍老师在复旦大学任教多年，其间曾率复旦大学辩论队获得1988年亚洲国际大专辩论赛冠军，在卸任上海市高教局常务副局长之后，又在上海社科院世界经济研究所任所长直到退休。我的博士论文并没有选择伍老师一直专注的欧盟方向，而是选择了我更感兴趣的价值理论的方向，但是却仍然得到了他的大力鼓励和支持。事实上，正是读博士期间关于价值创造、财富源泉问题上的新思想萌芽，形成多年后的《新财富论》(2006年)，之后又经过十多年的研究探索之后，在供给侧形成如今的“新供给经济学”，在需求侧形成了“软价值理论”。事实上，无论是本书的新供给增长模型、新供给周期理论，还是放松供给约束的改革主张、物价的供给冲击模型和按要素贡献分配的相关思想，其学术思想萌芽都源自20年前对财富源泉和财富创造规律的研究。而在这些研究中，每个阶段都得到伍贻康老师的热情鼓励。如今我每次去上海，只要有时间就去看望伍老师，看到他80多岁高龄依然底气十足、谈笑风生，对国家和民族的命运十分关切，对当前社会热点问题相当敏锐，由衷地开心而深受鼓舞。

感谢上海社会科学院世界经济研究所前所长张幼文先生对我的支持和鼓励。张幼文老师是有高尚师德同时兼具很高战略眼光的学者。记得在2005年张幼文老师来北京时，应《中国企业家》的邀请，张老师和我共同做了一期《重估国家对外经济政策，避免国家财富流失——关于科学发展观与新对外开放观的对话》。十几年过去了，回头看当时与张幼文老师一起呼吁的"要更加追求对外贸易的质量，更注重吸引外资的质量"的观点，不仅在之后逐渐成为主流看法，而且即使放在如今中美贸易争端的背景下，也不过时。2013年，当时还担任《世界经济研究》主编的张幼文老师把我的《放松供给约束，解除供给抑制、更新供给结构——新供给主义经济学的理论创新》一文安排发表到《世界经济研究》(2013年12月25日)的首篇，其实是2014年新年的首篇文章。张幼文先生的师者胸怀、战略眼光，和对创新学术探索的鼎力支持，让我不能忘怀。

还要特别感谢中欧国际工商学院前院长刘吉先生多年来给予的大力鼓励和支持。刘老师在2008年中欧商学院一个校友会的场合听到我的演讲之后，嘱咐我一定要把《新财富论》和《财富的觉醒》寄给他。不久，我就收到他读后用毛笔写来的鼓励信，然后就有了与刘吉老师的忘年交。作为一名严肃的经济学者，我深知在提出任何新的概念、思想和理论体系之前都应该慎之又慎的。因此，在2012年发表《新供给主义宣言》之前，我特意去上海拜访了刘吉老师。刘老提了很多中肯的建议，其中有一个建议是不要叫“主义”二字，免得引起望文生义的批评。这次新书名中特意删去了“主义”二字，书中的内容则以“新供给经济学”为主，或有时候交叉使用。

感谢北京大学经济学院前院长晏智杰老师。晏老师是陈岱孙先生的得意弟子，在北大学习工作60年，担任北京大学经济学院院长10多年，是我国经济学说史和价值理论方面的学术权威。大约10年前，应中央财经大学经济学院院长冯春安教授的邀请，我与晏智杰老师和清华大学的蔡继明教授交流过新财富论中有关价值理论的相关思想。由于两位学者都有自己的新价值理论体系，记得席间讨论很热烈。2016年，在晏智杰老师公开撰文对贾康先生的“新供给经济学”提出学术批评意见之后，我发现老先生还非常热心地关注改革的理论，于是主动找到晏老师，并送给他我的《新供给主义经济学》。在得知还有不一样的新供给经济学之后，晏老师认真倾听了我的介绍，阅读了我的几本相关拙作，然后给予了很高的评价和鼓励，提出不少真知灼见。这次看到这本新书稿后又倾情为本书作序，让我深感老一辈学者严谨的治学态度、开阔的胸襟和对中国改革事业的热爱。想到伍贻康老师、刘吉老师、晏智杰老师都已经80高龄，仍然满怀激情地关注着中国的改革开放事业，对待做学问一丝不苟，更让我辈在对待学问上不敢有所懈怠。

感谢复旦大学经济学院院长张军教授。张军教授是复旦经济学家的杰出代表，是当今中国有影响的经济学家之一，也是国际上十分活跃的中国经济学家。张军教授在“过渡经济学”的贡献,20 世纪 90 年代的复旦学子人尽皆知,因此,我在复旦读书期间就对张军教授十分喜欢和敬仰。2015 年 10 月,他作为“过渡经济学理论”的主要贡献人之一,与林毅夫、樊刚一起以高票获得第七届中国经济理论创新奖,我作为复旦经济学院的毕业生也为他深感骄傲。最近几年,张军教授担任院长以来,把“复旦大学首席经济学家论坛”组织得风生水起,极大地提升了复旦大学的经济学学术影响力。也正是在参加复旦大学经济学家论坛过程中,我才与张军教授逐渐熟悉起来。这次《新供给经济学——用改革的办法推动结构转型》能得到张军教授的肯定并作序推荐,也是我作为复旦毕业生的骄傲。诚如张军教授所说,新供给经济学要能作为一种被学术界认可的思想,还需要很多基础性工作要做,我会继续努力!

感谢人民东方出版社前总编许剑秋先生,先后出版了我的五本关于新供给经济学和供给侧改革的中文著作,包括《民富论——新供给主义百年强国路》《供给侧改革》《供给侧改革下一步怎么办》《新供给主义经济学》《新红利》等。当然还要感谢上海财经大学出版社的王永长先生,他是十分敬业的编辑,出版过我的《价值创造与证券公司的成长》(2002 年)、《新财富论》(2005 年)、《流金岁月》(2007 年)和《投资银行》(2010 年),每次出版学术和理论性的作品时,我就想到永长兄。永长在决定本书出版前就问了一个问题,这本《新供给经济学》和 3 年前的《新供给主义经济学》有什么区别?我深知这两本书无非是同一个理论探索不同阶段的成果,有继承性又做了很大的调整。如果用一句比喻来说,就是“半瓶子水”和“一滴水”的关系——可以说,3年前出版的新供给主义经济学虽然很多理论创新,但是创新体系并不完善,我自认为是“半瓶子水”;3年后,虽然整体理论框架更成熟了,“水位”应该上升了,但很多相关理论完善工作还是没有彻底完成,我干脆就把成熟的提炼出来,把自认为还不够完美的全部删掉。3年前的三大增长模式变成了本书的增长条件、要素与驱动力模型,之前的31种增长模式干脆都删除;“新供给经济周期”重点放到供给结构的原理而不在原来的四个阶段划分(在量化指标构建科学之前也暂时放弃);改革理论中的福利分析也大部分删除并增加了更务实的内容;等等。总之,这本书没有把“半瓶子水”灌满,反而继续倒掉很多,变成如今的“一滴水”。

非常感恩我的同事和家人的支持。其中,万博研究所副院长刘哲女士在2016年以来对新供给经济学的研究给予了很大的帮助,万博新经济研究院副院长张海冰先生也对该理论的发展作出了很多贡献。还要感谢我的妻子,在我多年的研究和写作过程中,她不仅悉心照顾孩子们,而且一直支持我的学术探索。

最后,也是最重要的,要感谢中国经济改革开放40年来的伟大实践,让我们汲取了经验和教训,生在这样伟大的时代,有幸目睹中国经济增长的奇迹,中国的经济学者比全球任何国家的学者都幸运。因此,尝试通过认真的观察研究,发现中国经验背后的一点点规律,试图为下一步的深化改革作出哪怕是微薄的贡献，是每一个中国经济学者的本分。不管我们的探索是不是成立，都应该持续不断地进行这样的尝试。

在新供给经济学的探索和不断完善过程中，国内外的很多朋友都提出了很多建设性的批评和建议，促使我不断对各种模型做出完善和调整。由于许多理论和模型都是最近七八年建立的，未来也许还要不断完善，因此，非常希望得到学界同仁的批评指正！

作者

2019 年 9 月

参考文献

[1]威廉·汤普逊著,何慕李译:《最能促进人类幸福的财富分配原理的研究》[M],商务印书馆 1986 年版。

[2]凯恩斯著,蔡谦、范定九、王祖廉译:《货币论:货币的应用理论》[M],商务印书馆 1986 年版。

[3] M. 马歇尔,P. 阿里斯蒂斯著,周军译:《供给学派与里根经济学》[J].《世界经济文汇》1991 年 02 期。

[4]R. 科斯,A. 阿尔钦,D. 诺斯:《财产权利与制度变迁》[M],上海三联出版社,上海人民出版社 1994 年版。

[5]道格拉斯·诺斯著,陈郁、罗华平等译:《经济史中的结构与变迁》[M],上海三联出版社、上海人民出版社 1994 年版。

[6]萨伊著,陈福生、陈振骅译:《政治经济学概论》[M],商务印书馆 1997 年版。

[7]查尔斯·P. 金德尔伯格著,高祖贵译:《世界经济霸权(1500—1990)》[M],商务印书馆 2003 年版。

[8]安格斯·麦迪森著,伍晓鹰等译:《世界经济千年史》[M],北京大学出版社 2003 年版。

[9]胡代光、厉以宁、袁东明:《凯恩斯主义的发展和演变》[M],清华大

学出版社 2003 年版。

[10]科斯(Coadse,R.),阿尔钦(Alchain,A.),诺斯(North,D.)著,刘守英等译:《财产权利与制度变迁:产权学派与新制度学派译文集》[M],上海人民出版社 2004 年版。

[11]卡尔·门格尔著,刘挈敖译:《国民经济学原理》[M],上海世纪出版集团、上海人民出版社 2005 年版。

[12]马尔萨斯著,郭大力译:《人口论》[M],北京大学出版社 2008 年版。

[13]卡尔·马克思著,郭大力,王亚男译:《资本论》[M],上海三联书店,2009 年版。

[14]布朗芬·伯伦纳著,方敏译:《收入分配理论》[M],华夏出版社 2009 年版。

[15]张力群:《印度经济增长研究》[M],东南大学出版社 2009 年版。

[16]亚当·斯密著,郭大力,王亚南译:《国富论》[M],译林出版社 2011 年版。

[17]拉斯·特维德著,董裕平译:《逃不开的经济周期》[M],中信出版社 2012 年版。

[18]卢卡斯著,朱善利等译:《经济周期理论研究》[M],商务印书馆 2012 年版。

[19]约瑟夫·熊彼特著,何畏等译:《经济发展理论》[M],商务印书馆 2014 年版。

[20]约瑟夫·熊彼特:《经济分析史》[M],商务印书馆 2015 年版。

[21]郜若素,蔡昉,宋立刚:《中国经济增长与发展新模式》[M],社会科学文献出版社 2014 年版。

[22]西蒙·库兹涅茨:《各国的经济增长:总产值和生产结构》[M],商

务印书馆 2015 年版。

[23]王世元:《新型城镇化之土地制度改革路径》[M],中国大地出版社 2014 年版。

[24]王小鲁:《国民收入分配战略》[M],学习出版社 2013 年版。

[25]华生:《新土改:土地制度改革焦点难点辨析》[M],东方出版社 2015 年版。

[26]王忠民、刘明:《经济改革对于中国劳动力流动和分割的影响》[J].《经济师》2014[11]。

[27]曾伟:《土地资源对城市经济增长的影响效应研究》[M],经济科学出版社 2014 年版。

[28]肖林:《新供给经济学:供给侧结构性改革与持续增长》[M],格致出版社、上海三联书店、上海人民出版社 2016 年版。

[29]苏剑:《新供给经济学:理论与实践》[M],中国人民大学出版社,2016 年版。

[30]滕泰:《滕泰透视通胀》[M],中国人民大学出版社 2011 年版。

[31]滕泰:《民富论——新供给主义百年强国路》[M],东方出版社 2013 年版。

[32]滕泰:《大周期》[M],安徽人民出版社 2013 年版。

[33]滕泰:《新供给主义经济理论和改革思想》[J],《经济研究参考》2014 年 01 期。

[34]滕泰,刘哲:《供给侧改革的经济学逻辑——新供给主义经济学的理论探索》[J],《兰州大学学报》(社会科学版)2018 年 01 期。

[35]滕泰:《以新供给主义推进深层次改革》[N],《 经济参考报》2013 年 3 月 7 日。

[36]滕泰:《从供给端着手解放五大财富源泉》[N],《证券时报》2013

年4月14日。

[37]滕泰:《中国宏调应把焦点从需求转向供给》[J/OL],FT中文网2013年05月07日。

[38]滕泰:《从供给着手重启经济改革》[J],《经济观察报》2013年05月24日。

[39]滕泰:《国富民穷不是中国梦》[J/OL],新浪财经2013年07月30日。

[40]滕泰:《央行错误政策造成“钱荒”现象》[J/OL],新浪财经2013年08月17日。

[41]滕泰:《中国经济后发优势的误区》[J/OL],FT中文网2013年9月2日。

[42]滕泰:《解除供给抑制是未来改革核心》[N],《经济参考报》2013年9月25日。

[43]滕泰:《新供给主义重启中国改革》[N],《中国证券报》2013年10月17日。

[44]滕泰:《新供给主义为什么有效》[J],《新经济导刊》2013年11月22日。

[45]滕泰:《更新供给结构,放松供给约束,解除供给抑制——新供给主义经济学的理论创新》[J],《世界经济研究》2013年12月25日。

[46]滕泰:《新供给主义的三大稳增长主张》[J/OL],FT中文网2014年5月8日。

[47]滕泰:《全面减税将开启经济增长新周期》[J/OL],新浪网2015年11月13日。

[48]滕泰:《加强供给侧改革 开启增长新周期》[N],《经济参考报》2015年11月18日。

[49]滕泰:《供给侧改革开启经济新周期》[N],《上海证券报》2015年11月20日。

[50]滕泰:《重启经济增长,必须供给侧改革》[N],《经济观察报》2015年11月20日。

[51]滕泰:《三大供给约束使经济不能自由前行》(在中国证券市场年会上的演讲)[J/OL],金融界网2015年11月20日。

[52]滕泰:《从供给侧发力推动经济结构调整》[N],《经济参考报》2015年11月26日。

[53]滕泰:《放松供给约束 解除供给抑制》[N],《金融时报》2015年11月26日。

[54]滕泰:《供给侧结构性改革不能停留在理论层面》(在"新供给新动力——供给侧改革圆桌论坛"上的发言)[N],《中国证券报》2015年11月30日。

[55]滕泰:《促进新供给形成新动力是过剩产能的正确退出方式》[N],《经济观察报》2016年1月11日。

[56]滕泰:《按要素边际报酬分配,扩大中等收入群体》[J/OL],新华网思客2016年5月30日。

[57]滕泰:《专访滕泰:供给侧改革如何解决房价、医疗等现实难题》[J/OL],第一财经网2016年6月13日。

[58]滕泰:《供给侧改革要处理好政府与市场关系》[N],《经济参考报》2016年8月3日。

[59]滕泰:《滕泰谈金融改革:造出一堆专业名词让领导听不懂》[J/OL],新浪财经2016年9月11日。

[60]滕泰:《去产能去库存和培育新动能新供给要并肩而行》[N],《经济参考报》2016年9月11日。

[61]滕泰:《中国经济供给侧结构性问题及其突破方向》(第二届新时代资本论坛上的演讲)[J/OL],证券日报网 2018 年 12 月 28 日。

[62]滕泰:《下一个四十年的经济驱动力》[J/OL],万博新经济研究院微信公众号,2019 年 1 月 7 日。

[63]滕泰:《深化供给侧结构性改革 推动中国经济持续增长》[N],《金融时报》,2019 年 6 月 10 日。

[64]刘哲:《全面减税激发微观活力》[J/OL],中国网 2018 年 12 月 5 日。

[65]晏智杰:《对〈供给侧改革:新供给简明读本〉的几点质疑》[J/OL],第一财经 2016 年 10 月 27 日。

[66]滕泰:《供给侧改革》[M],东方出版社 2016 年版。

[67]滕泰:《供给侧的觉醒——从财富原点再出发》[M],化学工业出版社 2016 年版。

[68]滕泰:《新财富论——新供给主义富民强国论》[M],化学工业出版社 2016 年版。

[69]滕泰:《供给侧改革下一步怎么办》[M],东方出版社 2016 年版。

[70]滕泰:《软价值:量子时代的财富创造新范式》[M],中信出版集团 2017 年版。

[71]滕泰、刘哲、张海冰:《新红利:赢在下一个四十年》[M],东方出版社 2019 年版。